全国普法学习读本

安全生产行业法律法规学习读本

安全生产采矿行业法律法规

王金锋 主编

加大全民普法力度,建设社会主义法治文化,树立宪法法律至上、法律面前人人平等的法治理念。

——中国共产党第十九次全国代表大会《决胜全面建成小康社会 夺取新时代中国特色社会主义伟大胜利》

汕头大学出版社

图书在版编目（CIP）数据

安全生产采矿行业法律法规 / 王金锋主编. -- 汕头：汕头大学出版社，2023.4（重印）

（安全生产行业法律法规学习读本）

ISBN 978-7-5658-2954-3

Ⅰ.①安… Ⅱ.①王… Ⅲ.①安全生产-安全法规-中国-学习参考资料 Ⅳ.①D922.544

中国版本图书馆 CIP 数据核字（2018）第 035689 号

安全生产采矿行业法律法规 ANQUAN SHENGCHAN CAIKUANG HANGYE FALÜ FAGUI

主　　编：	王金锋
责任编辑：	邹　峰
责任技编：	黄东生
封面设计：	大华文苑
出版发行：	汕头大学出版社
	广东省汕头市大学路 243 号汕头大学校园内　邮政编码：515063
电　　话：	0754-82904613
印　　刷：	三河市元兴印务有限公司
开　　本：	690mm×960mm 1/16
印　　张：	18
字　　数：	226 千字
版　　次：	2018 年 5 月第 1 版
印　　次：	2023 年 4 月第 2 次印刷
定　　价：	59.60 元（全 2 册）

ISBN 978-7-5658-2954-3

版权所有，翻版必究

如发现印装质量问题，请与承印厂联系退换

前　言

习近平总书记指出："推进全民守法，必须着力增强全民法治观念。要坚持把全民普法和守法作为依法治国的长期基础性工作，采取有力措施加强法制宣传教育。要坚持法治教育从娃娃抓起，把法治教育纳入国民教育体系和精神文明创建内容，由易到难、循序渐进不断增强青少年的规则意识。要健全公民和组织守法信用记录，完善守法诚信褒奖机制和违法失信行为惩戒机制，形成守法光荣、违法可耻的社会氛围，使遵法守法成为全体人民共同追求和自觉行动。"

中共中央、国务院曾经转发了中央宣传部、司法部关于在公民中开展法治宣传教育的规划，并发出通知，要求各地区各部门结合实际认真贯彻执行。通知指出，全民普法和守法是依法治国的长期基础性工作。深入开展法治宣传教育，是全面建成小康社会和新农村的重要保障。

普法规划指出：各地区各部门要根据实际需要，从不同群体的特点出发，因地制宜开展有特色的法治宣传教育坚持集中法治宣传教育与经常性法治宣传教育相结合，深化法律进机关、进乡村、进社区、进学校、进企业、进单位的"法律六进"主题活动，完善工作标准，建立长效机制。

特别是农业、农村和农民问题，始终是关系党和人民事业发展的全局性和根本性问题。党中央、国务院发布的《关于推进社会主义新农村建设的若干意见》中明确提出要"加强农村法制建设，深入开展农村普法教育，增强农民的法制观念，提高农民依法行使权利和履行义务的自觉性。"多年普法实践证明，普及法律知识，提高法制观念，增强全社会依法办事意识具有重要作用。特别是在广大农村进行普法教育，是提高全民法律素质的需要。

多年来，我国在农村实行的改革开放取得了极大成功，农村发生了翻天覆地的变化，广大农民生活水平大大得到了提高。但是，由于历史和社会等原因，现阶段我国一些地区农民文化素质还不高，不学法、不懂法、不守法现象虽然较原来有所改变，但仍有相当一部分群众的法制观念仍很淡化，不懂、不愿借助法律来保护自身权益，这就极易受到不法的侵害，或极易进行违法犯罪活动，严重阻碍了全面建成小康社会和新农村步伐。

为此，根据党和政府的指示精神以及普法规划，特别是根据广大农村农民的现状，在有关部门和专家的指导下，特别编辑了这套《全国普法学习读本》。主要包括了广大人民群众应知应懂、实际实用的法律法规。为了辅导学习，附录还收入了相应法律法规的条例准则、实施细则、解读解答、案例分析等；同时为了突出法律法规的实际实用特点，兼顾地方性和特殊性，附录还收入了部分某些地方性法律法规以及非法律法规的政策文件、管理制度、应用表格等内容，拓展了本书的知识范围，使法律法规更"接地气"，便于读者学习掌握和实际应用。

在众多法律法规中，我们通过甄别，淘汰了废止的，精选了最新的、权威的和全面的。但有部分法律法规有些条款不适应当下情况了，却没有颁布新的，我们又不能擅自改动，只得保留原有条款，但附录却有相应的补充修改意见或通知等。众多法律法规根据不同内容和受众特点，经过归类组合，优化配套。整套普法读本非常全面系统，具有很强的学习性、实用性和指导性，非常适合用于广大农村和城乡普法学习教育与实践指导。总之，是全国全民普法的良好读本。

目　录

中华人民共和国矿山安全法

第一章　总　则 …………………………………………（2）
第二章　矿山建设的安全保障 …………………………（2）
第三章　矿山开采的安全保障 …………………………（4）
第四章　矿山企业的安全管理 …………………………（5）
第五章　矿山安全的监督和管理 ………………………（6）
第六章　矿山事故处理 …………………………………（7）
第七章　法律责任 ………………………………………（8）
第八章　附　则 …………………………………………（10）
附　录
　　国家安全监管总局关于切实加强金属非金属
　　　地下矿山通风安全管理的通知 ………………（11）
　　关于加强金属非金属地下矿山通风安全管理防范
　　　中毒窒息事故的通知 …………………………（15）
　　国家安全监管总局关于矿山危险化学品应急救援队伍
　　　开展预防性安全检查工作的指导意见 ………（24）
　　矿山救援工作指导意见 …………………………（29）
　　安全生产监管监察能力和矿山应急救援队建设中央
　　　预算内投资专项管理暂行办法 ………………（35）
　　最高人民法院、最高人民检察院关于办理危害
　　　生产安全刑事案件适用法律若干问题的解释 …（41）

中华人民共和国矿山安全法实施条例

第一章　总　则 …………………………………………（48）

第二章　矿山建设的安全保障 …………………………（49）

第三章　矿山开采的安全保障 …………………………（53）

第四章　矿山企业的安全管理 …………………………（57）

第五章　矿山安全的监督和管理 ………………………（61）

第六章　矿山事故处理 …………………………………（62）

第七章　法律责任 ………………………………………（63）

第八章　附　则 …………………………………………（64）

附　录

　　国家安全监管总局、国家煤矿安监局关于切实
　　　加强矿山提升运输安全管理工作的通知 ………（65）
　　金属非金属地下矿山安全避险"六大系统"安装
　　　使用和监督检查暂行规定 ………………………（69）
　　金属非金属矿山建设项目安全设施目录（试行）………（75）

矿山安全监察工作规则

第一章　总　则 …………………………………………（94）

第二章　规章制度检查 …………………………………（94）

第三章　工程设计审查与竣工验收 ……………………（95）

第四章　现场检查 ………………………………………（96）

第五章　事故调查和处理 ………………………………（98）

第六章　事故统计与分析 ………………………………（100）

第七章　附　则 …………………………………………（100）

目 录

附 录

　金属与非金属矿产资源地质勘探安全生产监督管理

　　暂行规定 ·· （102）

　关于金属与非金属矿山实施矿用产品安全标志

　　管理的通知 ·· （109）

尾矿库安全监督管理规定

第一章　总　则 ·· （114）

第二章　尾矿库建设 ·· （116）

第三章　尾矿库运行 ·· （118）

第四章　尾矿库回采和闭库 ································ （120）

第五章　监督管理 ·· （122）

第六章　法律责任 ·· （123）

第七章　附　则 ·· （124）

附 录

　关于进一步加强尾矿库监督管理工作的指导意见 ······ （125）

中华人民共和国矿山安全法

中华人民共和国主席令

第十八号

《全国人民代表大会常务委员会关于修改部分法律的决定》已由中华人民共和国第十一届全国人民代表大会常务委员会第十次会议于2009年8月27日通过,现予公布,自公布之日起施行。

中华人民共和国主席　胡锦涛
2009年8月27日

(1992年11月7日第七届全国人民代表大会常务委员会第二十八次会议通过；根据2009年8月27日第十一届全国人民代表大会常务委员会第十次会议《关于修改部分法律的决定》修正)

第一章　总　则

第一条　为了保障矿山生产安全，防止矿山事故，保护矿山职工人身安全，促进采矿业的发展，制定本法。

第二条　在中华人民共和国领域和中华人民共和国管辖的其他海域从事矿产资源开采活动，必须遵守本法。

第三条　矿山企业必须具有保障安全生产的设施，建立、健全安全管理制度，采取有效措施改善职工劳动条件，加强矿山安全管理工作，保证安全生产。

第四条　国务院劳动行政主管部门对全国矿山安全工作实施统一监督。

县级以上地方各级人民政府劳动行政主管部门对本行政区域内的矿山安全工作实施统一监督。

县级以上人民政府管理矿山企业的主管部门对矿山安全工作进行管理。

第五条　国家鼓励矿山安全科学技术研究，推广先进技术，改进安全设施，提高矿山安全生产水平。

第六条　对坚持矿山安全生产，防止矿山事故，参加矿山抢险救护，进行矿山安全科学技术研究等方面取得显著成绩的单位和个人，给予奖励。

第二章　矿山建设的安全保障

第七条　矿山建设工程的安全设施必须和主体工程同时设计、同时施工、同时投入生产和使用。

第八条　矿山建设工程的设计文件，必须符合矿山安全规程和行业技术规范，并按照国家规定经管理矿山企业的主管部门批准；不符合矿山安全规程和行业技术规范的，不得批准。

矿山建设工程安全设施的设计必须有劳动行政主管部门参加审查。

矿山安全规程和行业技术规范，由国务院管理矿山企业的主管部门制定。

第九条　矿山设计下列项目必须符合矿山安全规程和行业技术规范：

（一）矿井的通风系统和供风量、风质、风速；

（二）露天矿的边坡角和台阶的宽度、高度；

（三）供电系统；

（四）提升、运输系统；

（五）防水、排水系统和防火、灭火系统；

（六）防瓦斯系统和防尘系统；

（七）有关矿山安全的其他项目。

第十条　每个矿井必须有两个以上能行人的安全出口，出口之间的直线水平距离必须符合矿山安全规程和行业技术规范。

第十一条　矿山必须有与外界相通的、符合安全要求的运输和通讯设施。

第十二条　矿山建设工程必须按照管理矿山企业的主管部门批准的设计文件施工。

矿山建设工程安全设施竣工后，由管理矿山企业的主管部门验收，并须有劳动行政主管部门参加；不符合矿山安全规程和行业技术规范的，不得验收，不得投入生产。

第三章　矿山开采的安全保障

第十三条　矿山开采必须具备保障安全生产的条件，执行开采不同矿种的矿山安全规程和行业技术规范。

第十四条　矿山设计规定保留的矿柱、岩柱，在规定的期限内，应当予以保护，不得开采或者毁坏。

第十五条　矿山使用的有特殊安全要求的设备、器材、防护用品和安全检测仪器，必须符合国家安全标准或者行业安全标准；不符合国家安全标准或者行业安全标准的，不得使用。

第十六条　矿山企业必须对机电设备及其防护装置、安全检测仪器，定期检查、维修，保证使用安全。

第十七条　矿山企业必须对作业场所中的有毒有害物质和井下空气含氧量进行检测，保证符合安全要求。

第十八条　矿山企业必须对下列危害安全的事故隐患采取预防措施：

（一）冒顶、片帮、边坡滑落和地表塌陷；

（二）瓦斯爆炸、煤尘爆炸；

（三）冲击地压、瓦斯突出、井喷；

（四）地面和井下的火灾、水害；

（五）爆破器材和爆破作业发生的危害；

（六）粉尘、有毒有害气体、放射性物质和其他有害物质引起的危害；

（七）其他危害。

第十九条　矿山企业对使用机械、电气设备，排土场、矸石山、尾矿库和矿山闭坑后可能引起的危害，应当采取预防措施。

第四章　矿山企业的安全管理

第二十条　矿山企业必须建立、健全安全生产责任制。矿长对本企业的安全生产工作负责。

第二十一条　矿长应当定期向职工代表大会或者职工大会报告安全生产工作，发挥职工代表大会的监督作用。

第二十二条　矿山企业职工必须遵守有关矿山安全的法律、法规和企业规章制度。

矿山企业职工有权对危害安全的行为，提出批评、检举和控告。

第二十三条　矿山企业工会依法维护职工生产安全的合法权益，组织职工对矿山安全工作进行监督。

第二十四条　矿山企业违反有关安全的法律、法规，工会有权要求企业行政方面或者有关部门认真处理。

矿山企业召开讨论有关安全生产的会议，应当有工会代表参加，工会有权提出意见和建议。

第二十五条　矿山企业工会发现企业行政方面违章指挥、强令工人冒险作业或者生产过程中发现明显重大事故隐患和职业危害，有权提出解决的建议；发现危及职工生命安全的情况时，有权向矿山企业行政方面建议组织职工撤离危险现场，矿山企业行政方面必须及时作出处理决定。

第二十六条　矿山企业必须对职工进行安全教育、培训；未经安全教育、培训的，不得上岗作业。

矿山企业安全生产的特种作业人员必须接受专门培训，经考核合格取得操作资格证书的，方可上岗作业。

第二十七条　矿长必须经过考核，具备安全专业知识，具有领导安全生产和处理矿山事故的能力。

矿山企业安全工作人员必须具备必要的安全专业知识和矿山安全工作经验。

第二十八条　矿山企业必须向职工发放保障安全生产所需的劳动防护用品。

第二十九条　矿山企业不得录用未成年人从事矿山井下劳动。

矿山企业对女职工按照国家规定实行特殊劳动保护，不得分配女职工从事矿山井下劳动。

第三十条　矿山企业必须制定矿山事故防范措施，并组织落实。

第三十一条　矿山企业应当建立由专职或者兼职人员组成的救护和医疗急救组织，配备必要的装备、器材和药物。

第三十二条　矿山企业必须从矿产品销售额中按照国家规定提取安全技术措施专项费用。安全技术措施专项费用必须全部用于改善矿山安全生产条件，不得挪作他用。

第五章　矿山安全的监督和管理

第三十三条　县级以上各级人民政府劳动行政主管部门对矿山安全工作行使下列监督职责：

（一）检查矿山企业和管理矿山企业的主管部门贯彻执行矿山安全法律、法规的情况；

（二）参加矿山建设工程安全设施的设计审查和竣工验收；

（三）检查矿山劳动条件和安全状况；

（四）检查矿山企业职工安全教育、培训工作；

（五）监督矿山企业提取和使用安全技术措拖专项费用的情况；

（六）参加并监督矿山事故的调查和处理；

（七）法律、行政法规规定的其他监督职责。

第三十四条　县级以上人民政府管理矿山企业的主管部门对矿山安全工作行使下列管理职责：

（一）检查矿山企业贯彻执行矿山安全法律、法规的情况；

（二）审查批准矿山建设工程安全设施的设计；

（三）负责矿山建设工程安全设施的竣工验收；

（四）组织矿长和矿山企业安全工作人员的培训工作；

（五）调查和处理重大矿山事故；

（六）法律、行政法规规定的其他管理职责。

第三十五条　劳动行政主管部门的矿山安全监督人员有权进入矿山企业，在现场检查安全状况；发现有危及职工安全的紧急险情时，应当要求矿山企业立即处理。

第六章　矿山事故处理

第三十六条　发生矿山事故，矿山企业必须立即组织抢救，防止事故扩大，减少人员伤亡和财产损失，对伤亡事故必须立即如实报告劳动行政主管部门和管理矿山企业的主管部门。

第三十七条　发生一般矿山事故，由矿山企业负责调查和处理。

发生重大矿山事故，由政府及其有关部门、工会和矿山企业按照行政法规的规定进行调查和处理。

第三十八条　矿山企业对矿山事故中伤亡的职工按照国家规定给予抚恤或者补偿。

第三十九条　矿山事故发生后，应当尽快消除现场危险，查明事故原因，提出防范措施。现场危险消除后，方可恢复生产。

第七章　法律责任

第四十条　违反本法规定，有下列行为之一的，由劳动行政主管部门责令改正，可以并处罚款；情节严重的，提请县级以上人民政府决定责令停产整顿；对主管人员和直接责任人员由其所在单位或者上级主管机关给予行政处分：

（一）未对职工进行安全教育、培训，分配职工上岗作业的；

（二）使用不符合国家安全标准或者行业安全标准的设备、器材、防护用品、安全检测仪器的；

（三）未按照规定提取或者使用安全技术措施专项费用的；

（四）拒绝矿山安全监督人员现场检查或者在被检查时隐瞒事故隐患、不如实反映情况的；

（五）未按照规定及时、如实报告矿山事故的。

第四十一条　矿长不具备安全专业知识的，安全生产的特种作业人员未取得操作资格证书上岗作业的，由劳动行政主管部门责令限期改正；逾期不改正的，提请县级以上人民政府决定责令停产，调整配备合格人员后，方可恢复生产。

第四十二条　矿山建设工程安全设施的设计未经批准擅自施工的，由管理矿山企业的主管部门责令停止施工；拒不执行的，由管理矿山企业的主管部门提请县级以上人民政府决定由有关主管部门吊销其采矿许可证和营业执照。

第四十三条 矿山建设工程的安全设施未经验收或者验收不合格擅自投入生产的，由劳动行政主管部门会同管理矿山企业的主管部门责令停止生产，并由劳动行政主管部门处以罚款；拒不停止生产的，由劳动行政主管部门提请县级以上人民政府决定由有关主管部门吊销其采矿许可证和营业执照。

第四十四条 已经投入生产的矿山企业，不具备安全生产条件而强行开采的，由劳动行政主管部门会同管理矿山企业的主管部门责令限期改进；逾期仍不具备安全生产条件的，由劳动行政主管部门提请县级以上人民政府决定责令停产整顿或者由有关主管部门吊销其采矿许可证和营业执照。

第四十五条 当事人对行政处罚决定不服的，可以在接到处罚决定通知之日起十五日内向作出处罚决定的机关的上一级机关申请复议；当事人也可以在接到处罚决定通知之日起十五日内直接向人民法院起诉。

复议机关应当在接到复议申请之日起六十日内作出复议决定。当事人对复议决定不服的，可以在接到复议决定之日起十五日内向人民法院起诉。复议机关逾期不作出复议决定的，当事人可以在复议期满之日起十五日内向人民法院起诉。

当事人逾期不申请复议也不向人民法院起诉、又不履行处罚决定的，作出处罚决定的机关可以申请人民法院强制执行。

第四十六条 矿山企业主管人员违章指挥、强令工人冒险作业，因而发生重大伤亡事故的，依照刑法有关规定追究刑事责任。

第四十七条 矿山企业主管人员对矿山事故隐患不采取措

施，因而发生重大伤亡事故的，依照刑法有关规定追究刑事责任。

第四十八条 矿山安全监督人员和安全管理人员滥用职权、玩忽职守、徇私舞弊，构成犯罪的，依法追究刑事责任；不构成犯罪的，给予行政处分。

第八章 附 则

第四十九条 国务院劳动行政主管部门根据本法制定实施条例，报国务院批准施行。

省、自治区、直辖市人民代表大会常务委员会可以根据本法和本地区的实际情况，制定实施办法。

第五十条 本法自1993年5月1日起施行。

附 录

国家安全监管总局关于切实
加强金属非金属地下矿山
通风安全管理的通知

安监总管一〔2011〕176号

各省、自治区、直辖市及新疆生产建设兵团安全生产监督管理局，有关中央企业：

2011年以来，全国金属非金属地下矿山（以下简称地下矿山）共发生较大中毒窒息事故11起、死亡46人，分别占地下矿山较大事故起数、死亡人数的55.0%和57.5%，均居各类事故第一位。其中，有4起事故因盲目施救导致事故扩大。特别是11月22日，广西壮族自治区桂林市全州县8名村民私自进入一废弃多年的铅锌矿找矿，造成7人中毒窒息死亡。

地下矿山较大中毒窒息事故的连续发生，暴露出以下突出问题：一是部分地下矿山机械通风系统不完善。有的地下矿山未按规定安装主要通风机，井下风量、风速达不到规定要求；有的地下矿山掘进工作面和通风不良的采场未安装局部通风机，难以保证作业场所空气质量达标。二是部分地下矿山通风管理混乱。有的地下矿山通风设施管理不到位，井下漏风和风流短路现象严重；有的地下矿山采掘工作面放炮后，未开启局部通风机进行有效通风。三是对部分废弃矿井未按规定进行封堵、密闭，导致人员误入发生中毒窒息事故。四是废弃矿井安全管理措施不到位，非法违法盗采时有发生。五是应急培训不到位，从业人员安全意识差。部分中毒窒息事故发生后，相关人员在未采取有效防护措施的情况下，违规进入矿井施救，导致事故伤亡扩大。

为深刻吸取事故教训，坚决遏制地下矿山中毒窒息事故多发的态势，促进金属非金属矿山安全生产形势持续稳定好转，现就加强地下矿山通风安全管理工作通知如下：

一、进一步完善机械通风系统。所有地下矿山必须按照国家有关法规、标准的要求安装主要通风机，掘进工作面和通风不良的采场必须安装局部通风机。同时，要按照《金属非金属地下矿山监测监控系统建设规范》（AQ2031—2011）的要求，尽快建设完善井下监测监控系统，主要通风机、辅助通风机、局部通风机要安装开停传感器，主要通风机还要设置风压传感器，井下总回风巷、各个生产中段和分段的回风巷要按规定设置风速传感器。

二、切实强化通风安全管理。地下矿山企业要明确通风安全管理职责，按要求配备适应工作需要的通风技术人员和测风、测尘人员，并定期进行培训。要根据井下生产变化，及时调整完善矿井通风系统，并绘制全矿通风系统图。特别要加强采掘工作面局部通风安全管理，采掘工作面爆破后，要进行充分通风，确保空气质量满足作业要求。人员进入采掘工作面时，要携带便携式气体检测报警仪从进风侧进入，一旦报警立即撤离。独头工作面有人员作业时，局部通风机要连续运转。

三、加强废弃井巷的安全管理。地下矿山企业要严格按照有关规定和程序对所属的资源枯竭矿井、废弃井巷等实施闭坑、封堵，对关闭和废弃的矿井井筒要封闭、填实，并在四周设置明显的永久性警示标志，严禁人员进入。对暂时或永久停止作业、已撤除通风设备且无贯穿风流的采场、独头上山、天井和独头巷道要及时封闭，并设置警示标志，防止人员进入。采场回采完毕后，要将所有与采空区相通、影响正常通风的巷道及时密闭。

四、强化应急管理，提高从业人员应急能力。地下矿山企业要为入井人员配备额定防护时间不少于30分钟的自救器，并要求所有入井人员必须随身携带自救器。要完善事故应急预案，绘制井下避灾路线图，并对所有入井人员进行专门的预防中毒窒息、火灾事故以及自救器使用知识的培训，使其了解通风安全管理基本知识，了解井下有毒有害气体的产生、分布及防范措施，熟悉所在作业场所的逃生路线、逃生及自救方法。要定期组织应急演练，提高职工的现场应急处置能力，防止事故扩大和次生灾害的发生。

五、深入组织开展安全大检查。各级安全监管部门要按照《国务院安委会关于深入开展安全大检查切实做好第四季度安全生产工作的通知》（安委明电〔2011〕9号）要求，认真组织开展非煤矿山安全大检查，把地下矿山通风安全管理情况作为一项重要内容，重点检查地下矿山机械通风系统的建立、运行和管理情况，通风管理机构、制度、操作规程的建立和执行情况，通风检测仪器和自救器的配备情况及检测记录，通风设施的建设、运行、维护及隐患排查治理情况，以及从业人员应急培训和演练情况。对检查过程中发现的问题，要责令企业限期整改；对未安装主要通风机或者独头掘进工作面和通风不良的采场未按规定安设局部通风机的地下矿山企业，要责令停产整改。

国家安全生产监督管理总局
二〇一一年十一月二十三日

关于加强金属非金属地下矿山通风安全管理防范中毒窒息事故的通知

安监总管一〔2010〕93号

各省、自治区、直辖市及新疆生产建设兵团安全生产监督管理局，有关中央企业：

为深刻吸取金属非金属地下矿山（以下简称地下矿山）中毒窒息事故教训，有效防范和坚决遏制地下矿山中毒窒息事故发生，促进安全生产形势持续稳定好转，现就加强地下矿山通风安全管理工作、严密防范中毒窒息事故通知如下：

一、高度重视，切实加强组织领导

地下矿山通风是保证向井下连续输送必要数量的新鲜空气、稀释并排除有毒有害气体和矿尘，为矿工创造安全舒适工作环境的根本措施。矿井实行机械通风、合理设置通风构筑物、正确布置局部通风机及风筒是控制中毒窒息事故发生的前提。加强通风系统维护与运行管理是杜绝中毒窒息事故的保证。近年来，各级安全监管部门和矿山企业认真贯彻落实国家安全生产法律法规、《金属非金属矿山安全规程》（GB16423—2006）以及《金属非金属地下矿山通风技术规范》（AQ2013—2008）的有关规定，大力开展机械通风专项整治，在通风安全管理、预防中毒窒息事故等方面取得很大成效，促进了地下矿山安全生产形势稳定好转。但是，由于部分地下矿山企业存在通风系统不完善、通风安全管理措施不落实、应急管理工作不到位等问题，导致中毒窒息以及因盲目施救导致死亡人数增加的事故时有发生，造成人民群众生命财产重大损失。各级安全监管部门和地下矿山企业要高度重视地下矿山通风安全管理工作，把加强机械通风作为通风安全管理工作的重中之重，摆上重要工作日程，切实加强组织领导。地方各级安全监管部门主要负责人要亲自组织研究、部署地下矿山通风安全管理工作，分管领导要经常深入地下矿山企业调查研究和检查指导，深入分析本地区地下矿山通风安全管理现状，认真查找薄弱环节和重大隐患，细化工作方案，强化对策措施，建立有效机制。要落实责任，强化监管，严格执法；尤其要严肃查处中毒窒息事故，严厉追究相关责任人的责任。

二、严格落实通风安全管理各项工作措施

（一）严格落实通风安全管理责任和制度

地下矿山企业法定代表人对本企业通风安全管理工作全面负责，分管安全负责人具体负责，各部门安全负责人直接负责。要实行通风安全目标管理，层层分解指标，将通风安全管理纳入安全生产经济承包责任制中，并定期检查考核。要建立健全各级领导、职能机构、岗位人员通风安全生产责任制，以及通风安全生产奖惩制度、通风安全管理制度、隐患排查治理制度和岗位操作规程等各项规章制度。

（二）建立健全通风安全管理组织机构

地下矿山企业必须设立通风安全管理机构，负责全矿日常通风安全管理以及通风检测、粉尘测定工作。要按要求配备适应工作需要的专职通风技术人员和测风、测尘人员，并定期进行培训。要配备一定数量的测风、测尘仪表和气体测定分析仪器。从事井下局部通风机安装、井下局部通风机和辅助通风机操作、矿井通风构筑物（风门、风桥、风窗和挡风墙等）操作及维护，以及从事井下防尘等作业的人员，必须经专门的培训并考核合格，取得特种作业操作证，方可上岗作业。

（三）切实加强机械通风工作

地下矿山必须安装主要通风机，建立和完善机械通风系统。正常生产情况下，主要通风机应连续运转。当主要通风机发生故障或需要停机检查时，应立即向调度室和主管矿长报告，并通知所有井下作业人员实施相应停风应对措施。每台主要通风机应具有相同型号和规格的备用电动机，并应设有能迅速调换电动机的装置。要有保证主要通风机在10分钟内使矿井风流反向的措施。当利用轴流式风机反风时，其反风量应达到正常运转时风量的60%以上。每年至少进行一次反风试验，并测定主要风路反风后的风量。采用多级机站通风系统的矿山，主通风系统的每台通风机都应满足反风要求，以保证整个系统可以反风。主要通风机或通风系统反风，应按照事故应急预案执行。主要通风机风机房，应设有测量风压、风量、电流、电压和轴承温度等的仪表。每班都应对通风机运转情况进行检查，并填写运转记录。有自动监控和测试的主要通风机，每两周应进行一次自控系统的检查。不符合规定的，要立即停产整改，补充完善有关设备设施、工程及管理制度，经有关部门验收合格后方可恢复生产。

（四）加强建设项目通风安全管理工作

采用坑探的地质勘探企业，必须编制勘探期间通风安全设计，按设计要求安装局部通风机，严禁采用扩散通风方式和随意停开局部通风机。新建、改建、扩建项目必须实行机械通风，并按设计要求进行施工。基建时期应采取有效的通风措施，确保井下作业场所获得足够的新鲜风量，在矿井通风系统形成前严禁投入生产。

（五）强化通风安全管理基础工作

地下矿山企业要根据井下生产变化，及时调整完善矿井通风系统，并绘制全矿通风系统图。要建立主要通风设备设施技术文件、通风系统图、日常检查维修记录以及通风系统和设备设施检测检验、隐患排查治理、通风管理安全措施投入、特殊工种培训考核等记录档案资料。通风管理基础资料不完善的，要立即停建、停产整改，补充完善后方可恢复建设、生产。

（六）加大通风系统隐患排查治理力度

地下矿山企业要对主要通风机、局部通风机的运转及维护保养情况，风质、风量、风速检测情况，炸药库、机电硐室通风情况，通风构筑物的建筑和维护情况，采空区、废弃巷道密闭情况等进行全面排查。对排查出的安全隐患，要落实治理责任、措施、资金和整改期限。发现主要通风机、通风系统等存在重大安全隐患的，要立即停产进行整改。对由于隐患排查治理不彻底导致事故发生的，要严肃追究相关人员的责任。

（七）加大通风安全投入

地下矿山企业必须安排通风安全工程、通风设备设施更新和技措专项费用，并做到专款专用，不得挪用。应当依托科研院所、大专院校等技术力量进行通风安全科学技术研究，依靠科学技术进步，积极采用安全可靠、节能环保的技术和装备，提高通风系统的科技含量。

三、严防重点区域、重点环节发生中毒窒息事故

（一）加强废弃矿井的安全管理

各地安全监管部门要会同有关部门对辖区内废弃矿井、采

空区等有关情况进行彻底排查，建立档案，落实安全监管责任，完善安全措施。地下矿山企业要严格按照有关规定和程序对所属的资源枯竭矿井、废弃井巷等实施闭坑、封堵；安全监管部门要严格按照关闭标准对关闭矿井进行验收，确保关闭到位。对关闭和废弃矿井井筒要封闭、填实，平整工业场地，四周设置明显的永久性警示标志。严禁人员进入废弃矿井和矿洞。

（二）加强采掘工作面和独头巷道、采空区通风安全管理

地下矿山企业掘进工作面和通风不良的采场，必须安装局部通风设备，严禁采用扩散通风的方式。局部通风机风筒必须吊挂平直、牢固，接头严密，避免车碰和炮崩，并应经常维护，杜绝漏风，降低阻力，严禁使用非阻燃材料的风筒。人员进入掘进工作面、采场进行作业前，必须用仪器进行检测，确保风量和空气质量满足作业要求；人员进入独头工作面之前，应开动局部通风机进行通风，通风时间应不少于30分钟，并确保空气质量满足作业要求；独头工作面有人作业时，局部通风机应连续运转。暂时或永久停止作业并已撤除通风设备而又无贯穿风流的采场、独头上山、天井及独头巷道，应及时用栅栏封闭，并设置警示标志，防止人员进入；若需要重新进入，应先进行通风和空气成分分析，确认安全后方准进入。采场回采完毕后，要将所有与采空区相通、影响正常通风的巷道及时密闭。

（三）加强爆破作业安全管理

爆破作业必须由具有相应资质的单位或工程技术人员编制爆破说明书和作业规程。爆破作业单位必须按爆破说明书和作业规程进行爆破作业。起爆前应认真检查爆破作业地点的情况，确认作业通道和撤离路线安全畅通、爆破后能有效通风、现场其他人员已经全部撤离到安全地点后，方可实施爆破。爆破后

必须先开动局部通风机排除有毒有害气体，经检测确保空气质量满足作业要求后，方可进入作业。作业前，要由技术人员认真检查作业面有无盲炮、支护是否破坏等情况。井下炸药库应有独立的回风道。爆炸物品的运输、储存、使用等必须符合《民用爆炸物品安全管理条例》和《爆破安全规程》（GB6722—2003）的有关规定。

（四）加强防火安全管理

地下矿山企业必须按照有关规定设置地面和井下消防设施，并要有足够可靠的消防用水；主要进风巷道、进风井筒及其井架和井口建筑物，主要扇风机房和压入式辅助扇风机房，风硐及暖风道，井下电机硐室、机修硐室、变压器室、变电所、电机车库、炸药库和油库等均应采用非可燃性材料建筑，硐室内应有醒目的防火标志和防火注意事项，并配备相应的灭火器材；井下各种油类必须单独存放于安全地点，装油的铁桶必须有严密的封盖；井下柴油设备或油压设备一旦出现漏油，应及时处理。井下动力线、照明线、变压器、电动设备等电器设备以及带式输送机必须使用阻燃材料，并经常检查，及时更新。新建矿井井下严禁使用木质支护材料，生产矿井要逐步淘汰木质支护。严禁在井下吸烟，严禁在井下使用电炉、灯泡等进行防潮、烘烤、做饭和采暖。在井下进行切割、焊接等动火作业，必须制定安全措施，经企业主管负责人签字批准后实施。

四、强化应急管理，严防因盲目施救导致事故扩大

（一）完善事故应急救援预案

地下矿山企业要制定停电、反风、中毒窒息、火灾事故等情况下的应急救援预案，绘制井下避灾路线图。要按要求配备

足够数量的应急救援物资和设备，建立健全井下应急救援通讯联络系统，井口和采掘工作面必须配备一定数量的隔离式自救器，并经常检查维护，及时更新。

（二）加强应急知识培训和现场应急演练

地下矿山企业要对所有下井人员进行专门的预防中毒窒息和火灾事故知识培训，使下井人员了解通风安全管理基本知识，了解井下有毒有害气体的产生、分布及防范措施，熟悉所在作业场所的逃生路线、基本救生逃生方法、事故处理措施，并定期组织现场应急演练，提高职工的现场应急处置能力，防止事故扩大和次生灾害的发生。

（三）建立健全并认真落实各项施救制度

地下矿山企业要建立完善并强制执行事故报告制度、施救程序以及施救奖惩制度。发生中毒窒息事故时，要迅速报告矿调度室，有关区域人员要迅速撤离；在救援队伍到达前，抢救人员要按照中毒窒息事故应急预案进行救援；进入危险区域必须佩戴防毒面具、自救器等防护用品，必须有专人负责检测空气质量、保持危险区域局部通风机正常开启；严禁擅自进入危险区域盲目施救。对不佩戴防毒面具或自救器等防护用品擅自进入危险区域，以及违章指挥盲目进行施救的要从严进行处罚，造成事故扩大的要严肃追究责任。对制止盲目施救，没有造成事故伤亡人数增加的人员要给予奖励。

（四）加强救援能力建设

各类矿山企业都要建立专兼职应急救援队伍或与专业救援队伍签定救援协议。同时，要加强装备建设，配备必要的、先进的、专用的、特殊的救援装备。一旦发生事故，要及时、有力、有效施救。

五、严格执法，强化安全监管

(一) 严格执行行政许可制度

各级安全监管部门对新建、改建、扩建的金属非金属地下矿山企业履行"三同时"审查时，要依法依规对矿井机械通风系统的设计和建设情况严格审查。凡新建地下矿山初步设计中没有设计机械通风系统的，掘进工作面以及无贯穿风流的回采工作面没有局部通风设计的，没有要求制定炮烟中毒窒息和火灾事故应急救援预案的，一律不得通过安全专篇审查；安全设施竣工验收时，没有按初步设计安装主要通风机、局部通风机等设备设施，或者规格型号不符合设计的，现场没有配备通风检测仪器仪表以及自救器等防护用品的，通风效果检测检验不合格的，均不予通过验收。未通过"三同时"审查验收合格的项目不得投入生产运行。对未履行建设项目"三同时"审查的地下矿山企业不得颁发其安全生产许可证。

(二) 严格现场检查

各级安全监管部门要查清辖区内地下矿山机械通风的基本情况，督促企业完善通风管理制度，落实各项工作措施。要制定检查计划，突出检查重点，科学作出安排。要重点检查地下矿山通风管理机构、通风管理制度、操作规程的建立和执行情况，机械通风系统的建立、运行和管理情况，通风检测仪器和自救器的配备情况及检测记录，通风设施的建设、运行、维护及隐患整改情况，应急救援预案的可操作性和职工应急演练及培训记录情况，发生中毒窒息事故的地下矿山企业吸取事故教训、落实整改和防范措施情况等。对重点地区、重点企业、薄弱环节、重大隐患等要重点跟踪，进行专项和定期督查。

(三) 严格行政执法

对地下矿山企业通风安全管理机构不健全，管理制度、操作规程以及检测记录不完善，检测仪器和自救器配备不符合要求，特种作业人员无证上岗，中毒窒息事故应急预案针对性不强的，要责令限期整改；对机械通风系统不完善，存在重大事故隐患以及未深刻吸取事故教训、整改和防范措施落实不到位的，要暂扣安全生产许可证，责令停产整改并依法予以处罚；对拒不执行整改指令的，要提请地方人民政府依法予以关闭。要严肃调查处理每一起中毒窒息事故，对通风系统安全隐患排查治理工作不到位，造成事故发生的，要追究有关责任人的责任；对违章指挥施救，以及盲目施救导致事故扩大的有关责任人，要严厉追究责任。要监督指导地下矿山企业认真分析每起中毒窒息事故的技术和管理原因，及时修订相关作业规程和工作制度，举一反三，吸取教训，严防同类事故重复发生。

国家安全生产监督管理总局
二〇一〇年六月八日

国家安全监管总局关于矿山危险化学品应急救援队伍开展预防性安全检查工作的指导意见

安监总应急〔2010〕145号

各省、自治区、直辖市及新疆生产建设兵团安全生产监督管理局,各省级煤矿安全监察机构,有关中央企业：

为认真贯彻落实《国务院关于进一步加强企业安全生产工作的通知》（国发〔2010〕23号）精神,强化安全生产应急管理基层基础工作,加强矿山、危险化学品应急救援队伍（以下简称应急救援队伍）建设,现就应急救援队伍开展预防性安全检查工作提出如下指导意见：

一、指导思想和工作目标

（一）指导思想

以科学发展观为指导,认真贯彻"安全第一、预防为主、综合治理"的方针,继续深入开展"安全生产年"活动,按照"预防与应急并重,常态与非常态相结合"的工作要求,充分发挥应急救援队伍在预防性安全检查、重大隐患排查中的作用,促进安全生产状况持续稳定好转。

（二）工作目标

通过组织应急救援队伍开展预防性安全检查,促进各类风险隐患的深入排查治理,超前防范事故；各级应急救援队伍根据所在区域主要风险隐患和重大危险源特点,熟悉救援环境,开展有针对性的应急演练,提高应对和处置突发事件的综合能力。

二、组织和实施

预防性安全检查工作由地方各级安全监管部门、驻地煤矿安全监察机构（以下统称安全监管监察部门）组织实施。各级安全监管监察部门要针对辖区内矿山和危险化学品企业数量、重大危险源状况、应急救援队伍与服务范围内企业签订救援协议等情况，制定并下达年度预防性检查工作计划，每年至少应组织2次预防性安全检查活动。

各级安全监管监察部门要定期组织应急救援队伍进入生产经营场所开展预防性检查，建立应急救援队伍开展预防性安全检查工作的考核、考评制度，完善工作机制，交流工作经验，并对在预防性安全检查工作中作出突出贡献的集体和个人给予表彰和奖励。

预防性安全检查的具体工作由各应急救援队伍实施。应急救援队伍应根据安全监管监察部门下达的年度预防性安全检查工作计划，制定本队预防性安全检查实施方案。要按照实施方案，做好与日常值备班工作的统筹安排，适时开展预防性安全检查工作。

应急救援队伍在预防性安全检查结束后应及时向受检单位通报检查结果，提交隐患整改建议书，双方签字确认后，报送安全监管监察部门。对存在重大事故隐患、严重威胁生产安全的单位，要立即责令其停止生产，从危险区域内撤出作业人员。

三、检查的范围和重点内容

（一）检查范围

预防性安全检查的范围包括：应急救援队伍所在的生产经

营单位，与有关应急救援队伍签订救援服务协议的生产经营单位，以及有关安全监管监察部门统一安排由有关应急救援队伍参与检查的其他生产经营单位。

（二）检查重点内容

按照深入开展安全生产"三项行动"的要求，遵循"查大系统、治大隐患、防大事故"的原则，重点检查企业应急预案的制定、培训、演练情况；应急物资配备与存储情况；专兼职应急救援队伍建设或签订救援协议情况。

煤矿企业：重点检查矿井通风系统是否合理，通风设施是否完善，通风设备是否完好及矿井反风演习情况；突出矿井瓦斯抽放系统运行情况和综合防突措施的执行情况；火区管理情况和防灭火措施的落实情况；水害防治措施的制定与执行情况。

金属非金属地下矿山企业：重点检查是否实现机械通风及通风系统是否合理；通风设备、设施是否完善；提升运输设备是否安全可靠；防灭火措施是否制定并严格执行；水害防治措施的执行情况。

有尾矿库的企业：重点检查观测或监控设施是否完善可靠；库区周围是否存在山体滑坡、垮塌和泥石流隐患；是否存在超量储存、超能力生产等情况；从事尾矿库放矿、筑坝、排洪和排渗设施操作的专职作业人员安全教育培训和持证上岗情况。

危险化学品企业：重点检查生产装置正常开停车和紧急停车安全规程的建立与执行情况；在检修、维修作业中，动火作业、进入受限空间作业等特种作业安全管理制度执行情况；危险化学品储存的安全距离、消防设施和应急器材的配备情况；储罐区的安全制度、安全仪表与报警装置的运行情况。

四、工作要求

（一）各级安全监管监察部门要充分认识应急救援队伍开展预防性安全检查的重要性和必要性，加强对应急救援队伍开展预防性安全检查工作的组织领导，主要负责同志要亲自研究部署，指导应急救援队伍有序、有效地开展好此项工作。对存在安全隐患的企业，要下达整改指令，督促其及时整改落实。对检查中发现的重大事故隐患，要登记建档，明确专人跟踪督办。对存在危及人身安全重大隐患的企业，要责令停产整顿，拒不停产整顿的，要坚决依法予以取缔，确保预防性安全检查取得实效。

（二）各生产经营单位要自觉接受和积极配合应急救援队伍对本单位的安全检查，主动提供有关安全生产的图纸资料和规章制度，对应急救援队伍的检查不得拒绝和阻挠。对查出的问题和重大隐患要制定整改措施，明确整改时间，落实整改责任和资金，及时解决问题和消除隐患。

（三）各应急救援队伍要通过开展预防性安全检查工作，熟悉企业生产和救援环境，了解企业的主要隐患和重大危险源及其应急预案，有针对性地研究和制定科学的应急救援与处置方案，配齐相应的应急救援装备，开展应急救援演练，不断提升应对各类突发事件的综合救援能力。

（四）各应急救援队伍的主管部门（单位）要全力支持应急救援队伍开展预防性安全检查工作，在资金、人员、装备等方面提供便利条件，确保预防性安全检查工作顺利开展。

（五）各级安全监管监察部门要认真研究和总结应急救援队伍开展预防性安全检查工作的经验和存在的问题，逐步规范和完善检查的内容、标准、程序和方法，不断提高预防性安全检查的效果。

二〇一〇年八月二十三日

矿山救援工作指导意见

关于印发《矿山救援工作指导意见》的通知
安监管办字〔2004〕128号

为了贯彻落实《国务院关于进一步加强安全生产工作的决定》（国发〔2004〕2号），促进矿山救援体系建设，完善矿山救援工作机制，加强矿山救援工作管理，迅速、有效地实施救援，保障矿工生命和财产安全。现将《矿山救援工作指导意见》印发给你们，请参照执行。

二〇〇四年九月九日

为了加强矿山救援管理，促进矿山救援体系建设，完善矿山救援工作机制，保证迅速有效实施应急救援，保障矿工生命和财产安全，根据《安全生产法》、《矿山安全法》、《国务院关于进一步加强安全生产工作的决定》，制定本指导意见。

一、加强矿山救援工作的组织领导和综合监督

（一）国家安全生产监督管理局（国家煤矿安全监察局）（以下简称国家局）对全国矿山救援工作实施综合监督、指导。国家局矿山救援指挥中心负责指导、协调全国矿山救援体系建设及矿山救援工作。

（二）省级安全生产监督管理部门、省级煤矿安全监察机构按照各自的职责权限对本行政区域内矿山救援工作实施综合监

督、指导。省级矿山救援指挥中心负责指导、协调本行政区域矿山救援体系建设及矿山救援工作。

二、建立和完善矿山救援体系，提高矿山应急救援综合能力

（一）加强矿山救援基地建设。建立国家级区域矿山救援基地，根据需要跨省、自治区、直辖市实施矿山事故的应急救援；建立省级矿山救援基地，根据需要实施省、自治区、直辖市内矿山事故的应急救援。

（二）发挥矿山医疗救护队伍的作用。国家局矿山医疗救护中心指导协调全国矿山事故伤员的急救工作；省级矿山医疗救护基地根据需要指导、协调省区内矿山事故伤员的救治工作；矿山企业医疗救护机构负责企业矿山事故伤员的医疗急救。

三、建立技术支撑系统，提高救援技术水平

（一）国家矿山救援技术专家组，负责为重大、特大矿山事故的应急处理提供技术支持；参与制订国家矿山救援工作的发展战略与规划、应急救援法规、技术标准。

（二）矿山救援技术研究中心负责矿山救援技术、矿山救援装备的研究与开发。

（三）矿山救援技术培训中心负责培训矿山救援管理人员、矿山企业负责人、矿山救护大队和中队指挥员及其工程技术人员；省级矿山救援指挥中心负责组织培训本省区矿山救护小队长；矿山救护大队负责组织培训矿山救护队员。

四、建立国家、地方和企业共同承担的矿山救援资金保障机制

（一）国家、地方人民政府应保证矿山救援体系建设及重点装备的必要投入。

（二）各级地方人民政府建立的或依托企业建立的矿山救援机构、队伍，其运行费用由本级地方财政予以解决。

（三）矿山企业依法建立矿山救援队伍的资金由企业承担，各级政府给予政策扶持。救援装备配置和更新费用在企业生产安全费用中列支。

（四）矿山救援队伍可以通过签订救护协议，为非隶属企业提供有偿服务。

五、强化矿山救援队伍的管理，完善矿山救援机制

（一）实行矿山救护队资质认定管理制度。矿山救护队取得资质后，方可在许可范围内从事矿山救援工作。

国家局负责全国矿山救护队资质认定的审核发证工作。省级矿山救援指挥中心负责组织本地矿山救护队资质申请的受理和核查工作。

（二）大力推行矿山救护质量标准化达标管理工作。矿山救护中队每季度组织一次质量达标自查；矿山救护大队每半年组织一次质量达标检查；省级矿山救援指挥中心每年组织一次检查验收；国家局适时组织抽查。

（三）严格矿山救护培训制度。矿山救护人员应按规定经过培训，考试合格后方可持证上岗。矿山救护中队以上指挥员应经矿山救援技术培训中心培训；矿山救护小队长应经省级矿山救援技术培训中心培训；矿山救护队员应经矿山救护大队培训机构培训。矿山救护人员应当每年进行一次身体检查和综合考核，对不符合规定要求的人员应予及时调整。

（四）建立矿山救援演习训练与技术竞赛制度。矿山救援队伍每年定期组织矿山救援技术训练与技术竞赛。各省区每年组织一次矿山救援技术比武，国家局每两年组织一次全国矿山救

护比武，并组织参加国际矿山救援技术比武。

（五）加强国际交流与合作，组织开展国际矿山救护培训，学习交流先进的救援技术，引进先进的救援装备，提高矿山救援综合能力。

（六）矿山救护队实行规范化管理。矿山救护人员统一配发和穿着企业专职消防人员服装、训练服和矿山救护服，佩戴矿山救援标志。

（七）矿山救护队实行队员合同制。正式入队前，应由矿山救护队、输送单位和队员本人三方签订合同。合同期为5年，符合条件的可续签合同。

救护队员合同期满，原单位应合理、妥善安排。

（八）矿山救护队应建立预防、预警机制。按照矿山救护协议和《矿井灾害应急预案》协助企业开展预防性安全检查。

（九）矿山救护队建立救援工作报告制度。矿山救护队出动救灾时，值班负责人应立即报告省级和国家局矿山救援指挥中心。

矿山救护队每月25日前，将工作简况报省级矿山救援指挥中心；各省汇总后于下月5日前，报国家局矿山救援指挥中心。

六、建立矿山救援装备保障和储备机制

（一）矿山救护队必须按规定配备处理矿井各种灾害事故的技术装备、救灾训练器材和通讯信息设备，并确保完好状态；具有符合标准的战备值班，救护培训，技能、体能训练等设施和场所。

（二）国家级和省级矿山救援基地应储备大型救灾装备。

（三）严格矿山救护装备的管理，定期保养维护，适时更新，确保设备完好。对于国家投资配置的救援装备，必须建立台账，防止国有资产流失。

七、完善预警机制，实施有效救援

（一）矿山救护队实行24小时值班制度，中队每天必须有2个小队分别担任值班队、待机队。

（二）矿山救护队接到事故通知，应问清和记录事故地点、时间、类别、遇险遇难人员数量、通知人姓名及单位，并立即召集救护队员，迅速赶赴事故现场。根据应急预案，实施有效救援；进入灾区救援的每个小队不得少于6人。

（三）医疗救护队伍接到事故通知，应做好医疗急救的准备工作，并立即赶到事故现场组织抢救。

八、对在矿山救援工作中有下列事迹的单位和个人，由所在单位、上级主管部门、地方人民政府给予表彰和奖励：

（一）模范遵守有关法律、法规和标准，在矿山救援工作中做出显著成绩的。

（二）在抢救遇险遇难人员中做出显著成绩的。

（三）在处理事故、突发事件中，对防止灾情扩大或为减少伤亡和损失做出显著贡献的。

（四）在矿山救援工作中有创新，对技术有重大改革或推广新技术有显著成绩的。

九、对于在抢险救灾中，为抢救遇险遇难人员及国家财产牺牲的指战员，队员所在单位应向当地政府民政部门申报，追认为烈士。

十、凡有下列情况之一者，应按其情节、造成的后果、损失大小，给予纪律处分，直至追究法律责任：

（一）在抢救遇险遇难人员及处理各种事故中，违章指挥、违章作业造成严重后果的。

（二）需要救援时，应召不到或逃避出动及畏缩不前、临阵脱逃或拒不执行救援命令的。

（三）在矿山救援工作中，玩忽职守，贻误时机，导致严重后果的。

（四）在处理事故和抢救遇险遇难人员中，隐瞒事实真相，谎报灾情，导致指挥失误，造成不良后果的。

安全生产监管监察能力和矿山应急救援队建设中央预算内投资专项管理暂行办法

国家发展和改革委员会 国家安全生产监督管理总局关于印发《安全生产监管监察能力和矿山应急救援队建设中央预算内投资专项管理暂行办法》的通知

发改投资规〔2016〕1232号

各省、自治区、直辖市发展改革委、安全监管局：

为规范和加强中央预算内投资管理，进一步提高中央预算内投资使用效率，根据有关法律法规和规章制度，特制定《安全生产监管监察能力和矿山应急救援队建设中央预算内投资专项管理暂行办法》。现印发你们，请按照执行。

特此通知。

国家发展改革委
国家安全监管总局
2016年6月12日

第一章 总 则

第一条 为深入贯彻党中央、国务院重大决策部署，落实安全生产监管监察能力建设专项五年规划（以下简称能力建设五年规划），促进安全生产形势根本好转，规范安全生产监管监察能力和矿山应急救援队建设中央预算内投资专项（以下简称安监专项）管理，提高投资使用效率，根据《国务院关于投资体制改革的决定》（国发〔2004〕20号）、《中央预算内投资补助和贴息项目管理办法》（国家发展改革委令第3号）、《中央预算内直接投资项目管理办法》（国家发展改革委令第7号）、《中央预算内投资监督管理暂行办法》（发改投资〔2015〕525号）、《中央预算内投资计划编制管理暂行办法》（发改投资〔2015〕3092号）以及有关法律法规，制定本办法。

第二条　能力建设五年规划是安排安监专项的依据。国家发展改革委会同安全监管总局按照党中央国务院关于安全生产工作的决策部署、安全生产五年规划和安全生产监管监察能力建设实际需求等，制定能力建设五年规划，明确安监专项支持的方向和重大项目。

第三条　按照加强投资项目储备、编制三年滚动投资计划的有关要求，根据能力建设五年规划，依托国家重大建设项目库，做好投资项目储备和三年滚动投资计划编制，加快推进项目前期工作。未纳入三年滚动投资计划的项目原则上不得列入年度投资计划。

第四条　安监专项主要支持中央本级（包括安全监管总局、国家煤矿安监局及其垂直管理单位、所属事业单位以及项目依托单位）非经营性项目建设；支持符合条件的中西部地区安全监管部门及业务保障单位专业装备建设。

第五条　安监专项主要采取直接投资方式支持能力建设五年规划明确的安全生产监管监察能力和矿山应急救援队建设重大项目（以下简称重大项目），以及中央预算内投资3000万以下的煤矿安全监察能力建设项目（以下简称煤监项目）；采取投资补助方式支持中西部地区地方安全监管部门及业务保障单位专业装备建设项目（以下简称安监项目）。

第六条 各有关单位按照《中央预算内直接投资项目管理办法》（国家发展改革委令第7号）做好重大项目和煤监项目的投资决策和建设管理工作；按照《中央预算内投资补助和贴息项目管理办法》（国家发展改革委令第3号）做好安监项目资金申请报告的申报、审批和项目实施管理工作。

第二章 重大项目申报和审批

第七条 能力建设五年规划明确的重大项目视为已批准项目建议书。

第八条 安全监管总局会同有关单位委托具备相应资质的甲级工程咨询机构编制可行性研究报告，可行性研究报告批复后，委托具备相应资质的甲级设计单位编制初步设计。

第九条 国家发展改革委委托具备相应资质的工程咨询机构对重大项目可行性研究报告进行评估，参考评估意见并按照有关规定对项目可行性研究报告进行审批。

第十条 重大项目初步设计经安全监管总局审核后报送国家发展改革委，国家发展改革委核定投资概算后由安全监管总局审批。经批准的初步设计及投资概算应当作为项目建设实施和控制投资的依据。

第十一条 安全监管总局会同有关单位根据国家发展改革委批复的中央预算内投资规模和工程建设进度，向国家发展改革委报送重大项目年度投资计划申请文件。

第三章 煤监项目申报和审批

第十二条 煤监项目由各省级煤矿监察机构根据能力建设

五年规划，组织具备相应资质的咨询机构编制可行性研究报告，可行性研究报告批复后，组织具备相应资质的设计单位编制初步设计。

第十三条 安全监管总局负责审批项目可行性研究报告和初步设计，并在批复文件时明确申请安排中央预算内投资数额。

第十四条 安全监管总局根据煤监项目的批复文件和工程建设进度，向国家发展改革委报送年度投资计划申请文件。

第四章 安监项目资金申请报告申报和审批

第十五条 国家发展改革委会同安全监管总局根据年度建设任务和安监专项投资规模明确年度补助安监项目的补助范围、补助标准和补助内容，并印发通知请相关省（区、市）发展改革委、安全监管局组织项目申报工作。

第十六条 省（区、市）安全监管局委托具备相应资质的咨询机构编制安监项目可行性研究报告，并组织项目论证。省（区、市）发展改革委负责审批项目可行性研究报告。在审批完成后，由省（区、市）发展改革委、安全监管局联合报送资金申请报告及年度投资计划申请文件。

第十七条 国家发展改革委会同安全监管总局对省（区、市）发展改革委上报的申报文件进行审核，对同意投资补助的资金申请报告单独批复，或者下达投资计划的同时一并批复。

第五章 投资计划审核下达

第十八条 投资计划申请文件包括项目的规划依据、前期工作批复情况、建设内容、建设工期、总投资及资金来源、年度投资需求、年度投资建设内容、项目建成后的效果等内容，并附项目批复文件、上一年度投资计划完成情况等材料。

第十九条 年度投资计划通过投资计划编报库编报,编报的投资计划数据应与通过重大项目库上报的三年滚动投资计划相关数据衔接一致。从2017年开始所有投资计划都利用重大项目库进行编报。

第二十条 国家发展改革委根据安监专项年度投资规模以及重大项目、煤监项目和安监项目的建设进度和投资需求,统筹研究下达项目年度中央预算内投资计划,并严格执行投资计划管理要求。

第二十一条 对年度投资项目应当严格审核把关,计划新开工项目应当工作条件成熟,在建项目应当各项建设手续完备,避免执行过程中调整投资计划或投资计划下达后形成沉淀资金。

第二十二条 安全监管总局等有关中央单位、省(区、市)发展改革委在收到国家发展改革委下达的投资计划文件后,于10个工作日内转发下达投资计划。省(区、市)发展改革委应当尽快组织实施。

第二十三条 安监专项投资年度计划执行过程中,对于不能完成既定建设目标的,有关单位应及时报告情况和原因。确需调整的,应根据有关投资计划调整程序,及时调整安排用于可形成有效支出的项目。

第六章 监督管理

第二十四条 通过重大建设项目库对中央预算内投资项目实行按月调度,项目单位每月10日前填报已下达投资计划项目开工情况、投资完成情况、工程形象进度等数据。国家发展改革委结合职责,对使用中央预算内投资的项目进行监管,推进项目实施。

第二十五条 不涉及保密要求的投资项目，应当按照有关规定向社会公开，主动接受公众监督，对公众反映的情况，国家发展改革委、安全监管总局、项目依托单位、有关省（区、市）发展改革委应及时开展检查，确有问题的，应当督促项目单位及时整改。

第二十六条 国家发展改革委接受单位、个人对项目审批、资金安排、建设过程中违法违规行为的举报，按照有关规定办理。

第二十七条 国家发展改革委应按照有关规定对中央预算内投资的项目进行稽察，对发现的问题按照有关规定及时作出处理。

第二十八条 项目出现下列情形之一，国家发展改革委责令限期整改，采取措施停止拨付或收回中央预算内投资，并核减下一年度投资计划。

（一）挤占、挪用、转移，或者违反规定以其他方式使用中央预算内投资的；

（二）拒不接受依法进行的稽察和监督检查的；

（三）其他违反国家法律法规和本办法规定的行为。

第七章 附 则

第二十九条 本办法由国家发展改革委负责解释，自发布之日起实施，有效期5年。

最高人民法院、最高人民检察院关于办理危害生产安全刑事案件适用法律若干问题的解释

（2015年11月9日最高人民法院审判委员会第1665次会议、2015年12月9日最高人民检察院第十二届检察委员会第44次会议通过）

为依法惩治危害生产安全犯罪，根据刑法有关规定，现就办理此类刑事案件适用法律的若干问题解释如下：

第一条 刑法第一百三十四条第一款规定的犯罪主体，包括对生产、作业负有组织、指挥或者管理职责的负责人、管理人员、实际控制人、投资人等人员，以及直接从事生产、作业的人员。

第二条 刑法第一百三十四条第二款规定的犯罪主体，包括对生产、作业负有组织、指挥或者管理职责的负责人、管理人员、实际控制人、投资人等人员。

第三条 刑法第一百三十五条规定的"直接负责的主管人员和其他直接责任人员"，是指对安全生产设施或者安全生产条件不符合国家规定负有直接责任的生产经营单位负责人、管理人员、实际控制人、投资人，以及其他对安全生产设施或者安全生产条件负有管理、维护职责的人员。

第四条 刑法第一百三十九条之一规定的"负有报告职责的人员"，是指负有组织、指挥或者管理职责的负责人、管理人员、实际控制人、投资人，以及其他负有报告职责的人员。

第五条 明知存在事故隐患、继续作业存在危险,仍然违反有关安全管理的规定,实施下列行为之一的,应当认定为刑法第一百三十四条第二款规定的"强令他人违章冒险作业":

(一) 利用组织、指挥、管理职权,强制他人违章作业的;

(二) 采取威逼、胁迫、恐吓等手段,强制他人违章作业的;

(三) 故意掩盖事故隐患,组织他人违章作业的;

(四) 其他强令他人违章作业的行为。

第六条 实施刑法第一百三十二条、第一百三十四条第一款、第一百三十五条、第一百三十五条之一、第一百三十六条、第一百三十九条规定的行为,因而发生安全事故,具有下列情形之一的,应当认定为"造成严重后果"或者"发生重大伤亡事故或者造成其他严重后果",对相关责任人员,处三年以下有期徒刑或者拘役:

(一) 造成死亡一人以上,或者重伤三人以上的;

(二) 造成直接经济损失一百万元以上的;

(三) 其他造成严重后果或者重大安全事故的情形。

实施刑法第一百三十四条第二款规定的行为,因而发生安全事故,具有本条第一款规定情形的,应当认定为"发生重大伤亡事故或者造成其他严重后果",对相关责任人员,处五年以下有期徒刑或者拘役。

实施刑法第一百三十七条规定的行为,因而发生安全事故,具有本条第一款规定情形的,应当认定为"造成重大安全事故",对直接责任人员,处五年以下有期徒刑或者拘役,并处罚金。

实施刑法第一百三十八条规定的行为,因而发生安全事故，具有本条第一款第一项规定情形的，应当认定为"发生重大伤亡事故"，对直接责任人员，处三年以下有期徒刑或者拘役。

第七条 实施刑法第一百三十二条、第一百三十四条第一款、第一百三十五条、第一百三十五条之一、第一百三十六条、第一百三十九条规定的行为，因而发生安全事故，具有下列情形之一的，对相关责任人员，处三年以上七年以下有期徒刑：

（一）造成死亡三人以上或者重伤十人以上，负事故主要责任的；

（二）造成直接经济损失五百万元以上，负事故主要责任的；

（三）其他造成特别严重后果、情节特别恶劣或者后果特别严重的情形。

实施刑法第一百三十四条第二款规定的行为，因而发生安全事故，具有本条第一款规定情形的，对相关责任人员，处五年以上有期徒刑。

实施刑法第一百三十七条规定的行为，因而发生安全事故，具有本条第一款规定情形的，对直接责任人员，处五年以上十年以下有期徒刑，并处罚金。

实施刑法第一百三十八条规定的行为，因而发生安全事故，具有下列情形之一的，对直接责任人员，处三年以上七年以下有期徒刑：

（一）造成死亡三人以上或者重伤十人以上，负事故主要责任的；

（二）具有本解释第六条第一款第一项规定情形，同时造成直接经济损失五百万元以上并负事故主要责任的，或者同时造成恶劣社会影响的。

第八条 在安全事故发生后，负有报告职责的人员不报或者谎报事故情况，贻误事故抢救，具有下列情形之一的，应当认定为刑法第一百三十九条之一规定的"情节严重"：

（一）导致事故后果扩大，增加死亡一人以上，或者增加重伤三人以上，或者增加直接经济损失一百万元以上的；

（二）实施下列行为之一，致使不能及时有效开展事故抢救的：

1. 决定不报、迟报、谎报事故情况或者指使、串通有关人员不报、迟报、谎报事故情况的；

2. 在事故抢救期间擅离职守或者逃匿的；

3. 伪造、破坏事故现场，或者转移、藏匿、毁灭遇难人员尸体，或者转移、藏匿受伤人员的；

4. 毁灭、伪造、隐匿与事故有关的图纸、记录、计算机数据等资料以及其他证据的；

（三）其他情节严重的情形。

具有下列情形之一的，应当认定为刑法第一百三十九条之一规定的"情节特别严重"：

（一）导致事故后果扩大，增加死亡三人以上，或者增加重伤十人以上，或者增加直接经济损失五百万元以上的；

（二）采用暴力、胁迫、命令等方式阻止他人报告事故情况，导致事故后果扩大的；

（三）其他情节特别严重的情形。

第九条 在安全事故发生后，与负有报告职责的人员串通，不报或者谎报事故情况，贻误事故抢救，情节严重的，依照刑法第一百三十九条之一的规定,以共犯论处。

第十条 在安全事故发生后,直接负责的主管人员和其他直接责任人员故意阻挠开展抢救,导致人员死亡或者重伤,或者为了逃避法律追究,对被害人进行隐藏、遗弃,致使被害人因无法得到救助而死亡或者重度残疾的,分别依照刑法第二百三十二条、第二百三十四条的规定,以故意杀人罪或者故意伤害罪定罪处罚。

第十一条 生产不符合保障人身、财产安全的国家标准、行业标准的安全设备,或者明知安全设备不符合保障人身、财产安全的国家标准、行业标准而进行销售,致使发生安全事故,造成严重后果的,依照刑法第一百四十六条的规定,以生产、销售不符合安全标准的产品罪定罪处罚。

第十二条 实施刑法第一百三十二条、第一百三十四条至第一百三十九条之一规定的犯罪行为,具有下列情形之一的,从重处罚:

(一) 未依法取得安全许可证件或者安全许可证件过期、被暂扣、吊销、注销后从事生产经营活动的;

(二) 关闭、破坏必要的安全监控和报警设备的;

(三) 已经发现事故隐患,经有关部门或者个人提出后,仍不采取措施的;

(四) 一年内曾因危害生产安全违法犯罪活动受过行政处罚或者刑事处罚的;

(五) 采取弄虚作假、行贿等手段,故意逃避、阻挠负有安全监督管理职责的部门实施监督检查的;

(六) 安全事故发生后转移财产意图逃避承担责任的;

(七) 其他从重处罚的情形。

实施前款第五项规定的行为,同时构成刑法第三百八十九条规定的犯罪的,依照数罪并罚的规定处罚。

第十三条 实施刑法第一百三十二条、第一百三十四条至第一百三十九条之一规定的犯罪行为,在安全事故发生后积极组织、参与事故抢救,或者积极配合调查、主动赔偿损失的,可以酌情从轻处罚。

第十四条 国家工作人员违反规定投资入股生产经营,构成本解释规定的有关犯罪的,或者国家工作人员的贪污、受贿犯罪行为与安全事故发生存在关联性的,从重处罚;同时构成贪污、受贿犯罪和危害生产安全犯罪的,依照数罪并罚的规定处罚。

第十五条 国家机关工作人员在履行安全监督管理职责时滥用职权、玩忽职守,致使公共财产、国家和人民利益遭受重大损失的,或者徇私舞弊,对发现的刑事案件依法应当移交司法机关追究刑事责任而不移交,情节严重的,分别依照刑法第三百九十七条、第四百零二条的规定,以滥用职权罪、玩忽职守罪或者徇私舞弊不移交刑事案件罪定罪处罚。

公司、企业、事业单位的工作人员在依法或者受委托行使安全监督管理职责时滥用职权或者玩忽职守,构成犯罪的,应当依照《全国人民代表大会常务委员会关于〈中华人民共和国刑法〉第九章渎职罪主体适用问题的解释》的规定,适用渎职罪的规定追究刑事责任。

第十六条 对于实施危害生产安全犯罪适用缓刑的犯罪分子,可以根据犯罪情况,禁止其在缓刑考验期限内从事与安全生产相关联的特定活动;对于被判处刑罚的犯罪分子,可以根据犯罪情况和预防再犯罪的需要,禁止其自刑罚执行完毕之日或者假释之日起三年至五年内从事与安全生产相关的职业。

第十七条 本解释自 2015 年 12 月 16 日起施行。本解释施行后,《最高人民法院、最高人民检察院关于办理危害矿山生产安全刑事案件具体应用法律若干问题的解释》(法释〔2007〕5号)同时废止。最高人民法院、最高人民检察院此前发布的司法解释和规范性文件与本解释不一致的,以本解释为准。

中华人民共和国矿山安全法实施条例

中华人民共和国劳动部令

第4号

《中华人民共和国矿山安全法实施条例》已于1996年10月11日经国务院批准,现予以发布,自发布之日起施行。

劳动部部长

1996年10月30日

第一章 总 则

第一条 根据《中华人民共和国矿山安全法》(以下简称《矿山安全法》),制定本条例。

第二条 《矿山安全法》及本条例中下列用语的含义:

矿山,是指在依法批准的矿区范围内从事矿产资源开采活动的场所及其附属设施。

矿产资源开采活动，是指在依法批准的矿区范围内从事矿产资源勘探和矿山建设、生产、闭坑及有关活动。

第三条　国家采取政策和措施，支持发展矿山安全教育，鼓励矿山安全开采技术、安全管理方法、安全设备与仪器的研究和推广，促进矿山安全科学技术进步。

第四条　各级人民政府、政府有关部门或者企业事业单位对有下列情形之一的单位和个人，按照国家有关规定给予奖励：

（一）在矿山安全管理和监督工作中，忠于职守，作出显著成绩的；

（二）防止矿山事故或者抢险救护有功的；

（三）在推广矿山安全技术、改进矿山安全设施方面，作出显著成绩的；

（四）在矿山安全生产方面提出合理化建议，效果显著的；

（五）在改善矿山劳动条件或者预防矿山事故方面有发明创造和科研成果，效果显著的。

第二章　矿山建设的安全保障

第五条　矿山设计使用的地质勘探报告书，应当包括下列技术资料：

（一）较大的断层、破碎带、滑坡、泥石流的性质和规模；

（二）含水层（包括溶洞）和隔水层的岩性、层厚、产状，含水层之间、地面水和地下水之间的水力联系，地下水的潜水位、水质、水量和流向，地面水流系统和有关水利工程的疏水能力以及当地历年降水量和最高洪水位；

（三）矿山设计范围内原有小窑、老窑的分布范围、开采深度和积水情况；

（四）沼气、二氧化碳赋存情况，矿物自然发火和矿尘爆炸的可能性；

（五）对人体有害的矿物组份、含量和变化规律，勘探区至少一年的天然放射性本底数据；

（六）地温异常和热水矿区的岩石热导率、地温梯度、热水来源、水温、水压和水量，以及圈定的热害区范围；

（七）工业、生活用水的水源和水质；

（八）钻孔封孔资料；

（九）矿山设计需要的其他资料。

第六条 编制矿山建设项目的可行性研究报告和总体设计，应当对矿山开采的安全条件进行论证。

矿山建设项目的初步设计，应当编制安全专篇。安全专篇的编写要求，由国务院劳动行政主管部门规定。

第七条 根据《矿山安全法》第八条的规定，矿山建设单位在向管理矿山企业的主管部门报送审批矿山建设工程安全设施设计文件时，应当同时报送劳动行政主管部门审查；没有劳动行政主管部门的审查意见，管理矿山企业的主管部门不得批准。

经批准的矿山建设工程安全设施设计需要修改时，应当征求原参加审查的劳动行政主管部门的意见。

第八条 矿山建设工程应当按照经批准的设计文件施工，保证施工质量；工程竣工后，应当按照国家有关规定申请验收。

建设单位应当在验收前60日向管理矿山企业的主管部门、劳动行政主管部门报送矿山建设工程安全设施施工、竣工情况的综合报告。

第九条 管理矿山企业的主管部门、劳动行政主管部门应当自收到建设单位报送的矿山建设工程安全设施施工、竣工情况的综合报告之日起30日内,对矿山建设工程的安全设施进行检查;不符合矿山安全规程、行业技术规范的,不得验收,不得投入生产或者使用。

第十条 矿山应当有保障安全生产、预防事故和职业危害的安全设施,并符合下列基本要求:

(一)每个矿井至少有两个独立的能行人的直达地面的安全出口。矿井的每个生产水平(中段)和各个采区(盘区)至少有两个能行人的安全出口,并与直达地面的出口相通。

(二)每个矿井有抽立的采用机械通风的通风系统,保证井下作业场所有足够的风量;但是,小型非沼气矿井在保证井下作业场所所需风量的前提下,可以采用自然通风。

(三)井巷断面能满足行人、运输、通风和安全设施、设备的安装、维修及施工需要。

(四)井巷支护和采场顶板管理能保证作业场所的安全。

(五)相邻矿井之间、矿井与露天矿之间、矿井与老窑之间留有足够的安全隔离矿柱。矿山井巷布置留有足够的保障井上和井下安全的矿柱或者岩柱。

(六)露天矿山的阶段高度、平台宽度和边坡角能满足安全作业和边坡稳定的需要。船采沙矿的采池边界与地面建筑物、设备之间有足够的安全距离。

(七)有地面和井下的防水、排水系统,有防止地表水泄入井下和露天采场的措施。

(八)溜矿井有防止和处理堵塞的安全措施。

(九)有自然发火可能性的矿井,主要运输巷道布置在岩层或者不易自然发火的矿层内,并采用预防性灌浆或者其他有效的预防自然发火的措施。

(十)矿山地面消防设施符合国家有关消防的规定。矿井有防灭火设施和器材。

(十一)地面及井下供配电系统符合国家有关规定。

(十二)矿山提升运输设备、装置及设施符合下列要求:

1. 钢丝绳、连接装置、提升容器以及保险链有足够的安全系数;

2. 提升容器与井壁、罐道梁之间及两个提升容器之间有足够的间隙;

3. 提升绞车和提升容器有可靠的安全保护装置;

4. 电机车、架线、轨道的选型能满足安全要求;

5. 运送人员的机械设备有可靠的安全保护装置;

6. 提升运输设备有灵敏可靠的信号装置。

(十三)每个矿井有防尘供水系统。地面和井下所有产生粉尘的作业地点有综合防尘措施。

(十四)有瓦斯、矿尘爆炸可能性的矿井,采用防爆电器设备,并采取防尘和隔爆措施。

(十五)开采放射性矿物的矿井,符合下列要求:

1. 矿井进风量和风质能满足降氡的需要,避免串联通风和污风循环;

2. 主要进风道开在矿脉之外,穿矿脉或者岩体裂隙发育的进风巷道有防止氡析出的措施;

3. 采用后退式回采;

4. 能防止井下污水散流,并采取封闭的排放污水系统。

(十六)矿山储存爆破材料的场所符合国家有关规定。

（十七）排土场、矸石山有防止发生泥石流和其他危害的安全措施，尾矿库有防止溃坝等事故的安全设施。

（十八）有防止山体滑坡和因采矿活动引起地表塌陷造成危害的预防措施。

（十九）每个矿井配置足够数量的通风检测仪表和有毒有害气体与井下环境检测仪器。开采有瓦斯突出的矿井，装备监测系统或者检测仪器。

（二十）有与外界相通的、符合安全要求的运输设施和通讯设施。

（二十一）有更衣室、浴室等设施。

第三章　矿山开采的安全保障

第十一条　采掘作业应当编制作业规程，规定保证作业人员安全的技术措施和组织措施，并在情况变化时及时予以修改和补充。

第十二条　矿山开采应当有下列图纸资料：

（一）地质图（包括水文地质图和工程地质图）；

（二）矿山总布置图和矿井井上、井下对照图；

（三）矿井、巷道、采场布置图；

（四）矿山生产和安全保障的主要系统图。

第十三条　矿山企业应当在采矿许可证批准的范围开采，禁止越层、越界开采。

第十四条　矿山使用的下列设备、器材、防护用品和安全检测仪器，应当符合国家安全标准或者行业安全标准；不符合国家安全标准或者行业安全标准的，不得使用：

（一）采掘、支护、装载、运输、提升、通风、排水、瓦斯抽放、压缩空气和起重设备；

（二）电动机、变压器、配电柜、电器开关、电控装置；

（三）爆破器材、通讯器材、矿灯、电缆、钢丝绳、支护材料、防火材料；

（四）各种安全卫生检测仪器仪表；

（五）自救器、安全帽、防尘防毒口罩或者面罩、防护服、防护鞋等防护用品和救护设备；

（六）经有关主管部门认定的其他有特殊安全要求的设备和器材。

第十五条 矿山企业应当对机电设备及其防护装置、安全检测仪器定期检查、维修，并建立技术档案，保证使用安全。

非负责设备运行的人员，不得操作设备。非值班电气人员，不得进行电气作业。操作电气设备的人员，应当有可靠的绝缘保护。检修电气设备时，不得带电作业。

第十六条 矿山作业场所空气中的有毒有害物质的浓度，不得超过国家标准或者行业标准；矿山企业应当按照国家规定的方法，按照下列要求定期检测：

（一）粉尘作业点，每月至少检测两次；

（二）三硝基甲苯作业点，每月至少检测一次；

（三）放射性物质作业点，每月至少检测三次；

（四）其他有毒有害物质作业点，井下每月至少检测一次，地面每季度至少检测一次；

（五）采用个体采样方法检测呼吸性粉尘的，每季度至少检测一次。

第十七条 井下采掘作业，必须按照作业规程的规定管理顶帮。采掘作业通过地质破碎带或者其他顶帮破碎地点时，应当加强支护。

露天采剥作业，应当按照设计规定，控制采剥工作面的阶段高度、宽度、边坡角和最终边坡角。采剥作业和排土作业，不得对深部或者邻近井巷造成危害。

第十八条 煤矿和其他有瓦斯爆炸可能性的矿井，应当严格执行瓦斯检查制度，任何人不得携带烟草和点火用具下井。

第十九条 在下列条件下从事矿山开采，应当编制专门设计文件，并报管理矿山企业的主管部门批准：

（一）有瓦斯突出的；

（二）有冲击地压的；

（三）在需要保护的建筑物、构筑物和铁路下面开采的；

（四）在水体下面开采的；

（五）在地温异常或者有热水涌出的地区开采的。

第二十条 有自然发火可能性的矿井，应当采取下列措施：

（一）及时清出采场浮矿和其他可燃物质，回采结束后及时封闭采空区；

（二）采取防火灌浆或者其他有效的预防自然发火的措施；

（三）定期检查井巷和采区封闭情况，测定可能自然发火地点的温度和风量；定期检测火区内的温度、气压和空气成份。

第二十一条 井下采掘作业遇下列情形之一时，应当探水前进：

（一）接近承压含水层或者含水的断层、流砂层、砾石层、溶洞、陷落柱时；

（二）接近与地表水体相通的地质破碎带或者接近连通承压层的未封钻孔时；

— 55 —

（三）接近积水的老窑、旧巷或者灌过泥浆的采空区时；

（四）发现有出水征兆时；

（五）掘开隔离矿柱或者岩柱放水时。

第二十二条 井下风量、风质、风速和作业环境的气候，必须符合矿山安全规程的规定。

采掘工作面进风风流中，按照体积计算，氧气不得低于20%，二氧化碳不得超过0.5%。

井下作业地点的空气温度不得超过28℃；超过时，应当采取降温或者其他防护措施。

第二十三条 开采放射性矿物的矿井，必须采取下列措施，减少氧气析出量：

（一）及时封闭采空区和已经报废或者暂时不用的井巷；

（二）用留矿法作业的采场采用下行通风；

（三）严格管理井下污水。

第二十四条 矿山的爆破作业和爆破材料的制造、储存、运输、试验及销毁，必须严格执行国家有关规定。

第二十五条 矿山企业对地面、井下产生粉尘的作业，应当采取综合防尘措施，控制粉尘危害。

井下风动凿岩，禁止干打眼。

第二十六条 矿山企业应当建立、健全对地面陷落区、排土场、矸石山、尾矿库的检查和维护制度；对可能发生的危害，应当采取预防措施。

第二十七条 矿山企业应当按照国家有关规定关闭矿山，对关闭矿山后可能引起的危害采取预防措施。关闭矿山报告应当包括下列内容：

（一）采掘范围及采空区处理情况；

（二）对矿井采取的封闭措施；

（三）对其他不安全因素的处理办法。

第四章 矿山企业的安全管理

第二十八条 矿山企业应当建立、健全下列安全生产责任制：

（一）行政领导岗位安全生产责任制；

（二）职能机构安全生产责任制；

（三）岗位人员的安全生产责任制。

第二十九条 矿长（含矿务局局长、矿山公司经理，下同）对本企业的安全生产工作负有下列责任：

（一）认真贯彻执行《矿山安全法》和本条例以及其他法律、法规中有关矿山安全生产的规定；

（二）制定本企业安全生产管理制度；

（三）根据需要配备合格的安全工作人员，对每个作业场所进行跟班检查；

（四）采取有效措施，改善职工劳动条件，保证安全生产所需要的材料、设备、仪器和劳动防护用品的及时供应；

（五）依照本条例的规定，对职工进行安全教育、培训；

（六）制定矿山灾害的预防和应急计划；

（七）及时采取措施，处理矿山存在的事故隐患；

（八）及时、如实向劳动行政主管部门和管理矿山企业的主管部门报告矿山事故。

第三十条 矿山企业应当根据需要，设置安全机构或者配备专职安全工作人员。专职安全工作人员应当经过培训，具备必要的安全专业知识和矿山安全工作经验,能胜任现场安全检查工作。

第三十一条 矿长应当定期向职工代表大会或者职工大会报告下列事项,接受民主监督:

(一) 企业安全生产重大决策;

(二) 企业安全技术措施计划及其执行情况;

(三) 职工安全教育、培训计划及其执行情况;

(四) 职工提出的改善劳动条件的建议和要求的处理情况;

(五) 重大事故处理情况;

(六) 有关安全生产的其他重要事项。

第三十二条 矿山企业职工享有下列权利:

(一) 有权获得作业场所安全与职业危害方面的信息;

(二) 有权向有关部门和工会组织反映矿山安全状况和存在的问题;

(三) 对任何危害职工安全健康的决定和行为,有权提出批评、检举和控告。

第三十三条 矿山企业职工应当履行下列义务:

(一) 遵守有关矿山安全的法律、法规和企业规章制度;

(二) 维护矿山企业的生产设备、设施;

(三) 接受安全教育和培训;

(四) 及时报告危险情况,参加抢险救护。

第三十四条 矿山企业工会有权督促企业行政方面加强职工的安全教育、培训工作,开展安全宣传活动,提高职工的安全生产意识和技术素质。

第三十五条 矿山企业应当按照下列规定对职工进行安全教育、培训:

（一）新进矿山的井下作业职工，接受安全教育、培训的时间不得少于72小时，考试合格后，必须在有安全工作经验的职工带领下工作满4个月，然后经再次考核合格，方可独立工作；

（二）新进露天矿的职工，接受安全教育、培训的时间不得少于40小时，经考试合格后，方可上岗作业；

（三）对调换工种和采用新工艺作业的人员，必须重新培训，经考试合格后，方可上岗作业；

（四）所有生产作业人员，每年接受在职安全教育、培训的时间不少于20小时。

职工安全教育、培训期间，矿山企业应当支付工资。

职工安全教育、培训情况和考核结果，应当记录存档。

第三十六条　矿山企业对职工的安全教育、培训，应当包括下列内容：

（一）《矿山安全法》及本条例赋予矿山职工的权利与义务；

（二）矿山安全规程及矿山企业有关安全管理的规章制度；

（三）与职工本职工作有关的安全知识；

（四）各种事故征兆的识别、发生紧急危险情况时的应急措施和撤退路线；

（五）自救装备的使用和有关急救方面的知识；

（六）有关主管部门规定的其他内容。

第三十七条　瓦斯检查工、爆破工、通风工、信号工、拥罐工、电工、金属焊接（切割）工、矿井泵工、瓦斯抽放工、主扇风机操作工、主提升机操作工、绞车操作工、输送机操作工、尾矿工、安全检查工和矿内机动车司机等特种作业人员应当接受专门技术培训，经考核合格取得操作资格证书后，方可上岗作业。特种作业人员的考核、发证工作按照国家有关规定执行。

第三十八条　对矿长安全资格的考核,应当包括下列内容：

（一）《矿山安全法》和有关法律、法规及矿山安全规程；

（二）矿山安全知识；

（三）安全生产管理能力；

（四）矿山事故处理能力；

（五）安全生产业绩。

第三十九条　矿山企业向职工发放的劳动防护用品应当是经过鉴定和检验合格的产品。劳动防护用品的发放标准由国务院劳动行政主管部门制定。

第四十条　矿山企业应当每年编制矿山灾害预防和应急计划；在每季度末,应当根据实际情况对计划及时进行修改,制定相应的措施。

矿山企业应当使每个职工熟悉矿山灾害预防和应急计划,并且每年至少组织一次矿山救灾演习。

矿山企业应当根据国家有关规定,按照不同作业场所的要求,设置矿山安全标志。

第四十一条　矿山企业应当建立由专职的或者兼职的人员组成的矿山救护和医疗急救组织。不具备单独建立专业救护和医疗急救组织的小型矿山企业,除应当建立兼职的救护和医疗急救组织外,还应当与邻近的有专业的救护和医疗急救组织的矿山企业签订救护和急救协议,或者与邻近的矿山企业联合建立专业救护和医疗急救组织。

矿山救护和医疗急救组织应当有固定场所、训练器械和训练场地。

矿山救护和医疗急救组织的规模和装备标准，由国务院管理矿山企业的有关主管部门规定。

第四十二条　矿山企业必须按照国家规定的安全条件进行生产，并安排一部分资金，用于下列改善矿山安全生产条件的项目：

（一）预防矿山事故的安全技术措施；

（二）预防职业危害的劳动卫生技术措施；

（三）职工的安全培训；

（四）改善矿山安全生产条件的其他技术措施。

前款所需资金，由矿山企业按矿山维简费的20%的比例具实列支；没有矿山维简费的矿山企业，按固定资产折旧费的20%的比例具实列支。

第五章　矿山安全的监督和管理

第四十三条　县级以上各级人民政府劳动行政主管部门，应当根据矿山安全监督工作的实际需要，配备矿山安全监督人员。

矿山安全监督人员必须熟悉矿山安全技术知识，具有矿山安全工作经验，能胜任矿山安全检查工作。

矿山安全监督证件和专用标志由国务院劳动行政主管部门统一制作。

第四十四条　矿山安全监督人员在执行职务时，有权进入现场检查，参加有关会议，无偿调阅有关资料，向有关单位和人员了解情况。

矿山安全监督人员进入现场检查，发现有危及职工安全健康的情况时，有权要求矿山企业立即改正或者限期解决；情况紧急时，有权要求矿山企业立即停止作业，从危险区内撤出作业人员。

劳动行政主管部门可以委托检测机构对矿山作业场所和危险性较大的在用设备、仪器、器材进行抽检。

劳动行政主管部门对检查中发现的违反《矿山安全法》和本条例以及其他法律、法规有关矿山安全的规定的情况，应当依法提出处理意见。

第四十五条 矿山安全监督人员执行公务时，应当出示矿山安全监督证件，秉公执法，并遵守有关规定。

第六章 矿山事故处理

第四十六条 矿山发生事故后，事故现场有关人员应当立即报告矿长或者有关主管人员；矿长或者有关主管人员接到事故报告后，必须立即采取有效措施，组织抢救，防止事故扩大，尽力减少人员伤亡和财产损失。

第四十七条 矿山发生重伤、死亡事故后，矿山企业应当在24小时内如实向劳动行政主管部门和管理矿山企业的主管部门报告。

第四十八条 劳动行政主管部门和管理矿山企业的主管部门接到死亡事故或者一次重伤3人以上的事故报告后，应当立即报告本级人民政府，并报各自的上一级主管部门。

第四十九条 发生伤亡事故，矿山企业和有关单位应当保护事故现场；因抢救事故，需要移动现场部分物品时，必须作出标志，绘制事故现场图，并详细记录；在消除现场危险，采取防范措施后，方可恢复生产。

第五十条　矿山事故发生后，有关部门应当按照国家有关规定，进行事故调查处理。

第五十一条　矿山事故调查处理工作应当自事故发生之日起90日内结束；遇有特殊情况，可以适当延长，但是不得超过180日。矿山事故处理结案后，应当公布处理结果。

第七章　法律责任

第五十二条　依照《矿山安全法》第四十条规定处以罚款的，分别按照下列规定执行：

（一）未对职工进行安全教育、培训，分配职工上岗作业的，处4万元以下的罚款；

（二）使用不符合国家安全标准或者行业安全标准的设备、器材、防护用品和安全检测仪器的，处5万元以下的罚款；

（三）未按照规定提取或者使用安全技术措施专项费用的，处5万元以下的罚款；

（四）拒绝矿山安全监督人员现场检查或者在被检查时隐瞒事故隐患，不如实反映情况的，处2万元以下的罚款；

（五）未按照规定及时、如实报告矿山事故的，处3万元以下的罚款。

第五十三条　依照《矿山安全法》第四十三条规定处以罚款的，罚款幅度为5万元以上10万元以下。

第五十四条　违反本条例第十五条、第十六条、第十七条、第十八条、第十九条、第二十条、第二十一条、第二十二条、第二十三条、第二十五条规定的，由劳动行政主管部门责令改正，可以处 2 万元以下的罚款。

第五十五条　当事人收到罚款通知书后，应当在 15 日内到指定的金融机构缴纳罚款；逾期不缴纳的，自逾期之日起每日加收 3‰的滞纳金。

第五十六条　矿山企业主管人员有下列行为之一，造成矿山事故的，按照规定给予纪律处分；构成犯罪的，由司法机关依法追究刑事责任：

（一）违章指挥、强令工人违章、冒险作业的；

（二）对工人屡次违章作业熟视无睹，不加制止的；

（三）对重大事故预兆或者已发现的隐患不及时采取措施的；

（四）不执行劳动行政主管部门的监督指令或者不采纳有关部门提出的整顿意见，造成严重后果的。

第八章　附　则

第五十七条　国务院管理矿山企业的主管部门根据《矿山安全法》和本条例修订或者制定的矿山安全规程和行业技术规范，报国务院劳动行政主管部门备案。

第五十八条　石油天然气开采的安全规定，由国务院劳动行政主管部门会同石油工业主管部门制定，报国务院批准后施行。

第五十九条　本条例自发布之日起施行。

附　录

国家安全监管总局、国家煤矿安监局关于切实加强矿山提升运输安全管理工作的通知

安监总管一〔2012〕37号

各省、自治区、直辖市及新疆生产建设兵团安全监管、煤炭行业管理、煤矿安全监管部门，各省级煤矿安全监察局，司法部直属煤矿管理局，有关中央企业：

近年来，地下（井工）开采矿山（以下简称矿山）坠罐、跑车等较大以上提升运输事故屡有发生，给人民生命财产造成重大损失。2011年，全国矿山共发生较大提升运输事故11起，造成50人死亡，呈上升趋势。特别是2012年以来，连续发生了3起矿山提升运输事故，共造成31人死亡、3人重伤，分别是：2月16日，湖南省衡阳市耒阳市宏发煤矿斜井发生跑车事故，造成15人死亡、3人重伤；3月15日，山东省济钢集团石门铁矿有限公司竖井发生坠罐事故，造成13人死亡；3月16日，云南省文山州麻栗坡县三堡银矿斜井发生跑车事故，造成3人死亡。

这些坠罐、跑车事故的连续发生，暴露出部分矿山存在以

下突出问题：一是提升运输设备不符合规定要求。有的矿山安装使用无矿用产品安全标志的提升运输设备，存在重大安全隐患。二是提升运输系统的安全防护装置不齐全。有的矿山竖井提升系统未设过卷保护装置，用作升降人员的单绳提升罐笼没有安装防坠器。三是未按要求对提升运输系统进行定期检测检验，导致设备带病运行。四是提升运输系统的运行安全管理不严格，操作人员违规作业、安全教育培训不到位。为深刻吸取事故教训，有效防范和坚决遏制矿山提升运输事故，保障矿山生产安全，现就切实加强矿山提升运输安全管理工作通知如下：

一、严格落实矿山提升运输设备设施安全管理责任。各矿山企业要高度重视提升运输安全管理工作，建立健全提升运输设备设施安全管理责任制，设立专门机构，配备专业技术人员，明确职责和分管负责人，严格岗位责任考核，层层落实责任，认真落实"三违"行为处罚与教育规定，督促从业人员严格执行安全作业规程和操作规程，确保各项规章制度落实到位。对于有外来承包基建和采掘施工作业单位的矿山，相关矿山企业要切实承担起安全生产主体责任，加强对外来承包作业单位的统一管理，明确各自的安全管理职责，确保提升运输设备设施的可控运行，提高矿山企业防范事故和抵御灾害的能力。

二、切实加强对矿山建设项目的安全管理。矿山建设项目的提升运输系统，必须按照《煤矿安全规程》、《金属非金属矿山安全规程》（GB16423—2006）、《煤炭工业矿井设计规范》（GB50215—2005）等规章标准的要求进行设计和建设，选用取得矿用产品安全标志的提升运输设备，具备能独立操纵的工作制动和安全制动两套制动系统，并按照要求装设安全防护装置。新建矿山在设计时应采用更加安全可靠的提升运输设备，严禁使用国家明令淘汰的提升运输设备。

三、强化提升运输设备设施的日常检查和检测检验工作。矿山企业要加大提升运输系统隐患排查治理力度，切实消除安全隐患。要加强对提升运输系统尤其是钢丝绳、绳卡、罐道、安全卡等安全设施的日常维护保养和安全检查，发现问题要及时处理，不得带病运行，并将检查和处理情况记录存档。要按照有关规定，委托具备资质的检测检验机构对提升绞车、提人容器、防坠器、钢丝绳等提升运输设备设施进行定期检测检验，并确保提升运输设备设施在检测检验报告的有效期内运行。

四、加强对从业人员的安全教育培训。矿山企业要加强对提升运输系统操作人员的安全培训，建立健全培训档案；矿山提升操作作业人员必须经过专门安全培训并取得特种作业操作证后方可上岗作业。要通过相关法规标准的宣传和教育培训，提高矿山从业人员的安全意识和技术水平，规范作业行为，正确应对突发事件，避免事故发生和事态扩大。

五、强化安全监管监察执法，督促企业落实安全管理责任。各级安全监管监察部门要认真贯彻落实《国家安全监管总局国家煤矿安监局关于加强煤矿机电运输安全管理工作的通知》（安监总煤行〔2008〕175号）、《国家安全监管总局关于切实加强金属非金属地下矿山提升运输系统安全管理严防坠罐跑车事故的通知》（安监总管一〔2010〕86号）等要求，针对今年发生的湖南省衡阳市耒阳市宏发煤矿"2·16"重大运输事故和山东省济钢集团石门铁矿有限公司"3·15"重大坠罐事故暴露出的问题，组织矿山企业立即开展提升运输系统安全隐患自查自纠工作，督促其建立健全安全管理机构和安全责任制，完善提升运输各岗位安全职责和操作规程,切实落实企业安全生产主体责任。要通过安全监管监察执法、安全设施设计审查和竣工验收、安全生产许可证延期换证审查等手段,督促矿山企业切实落实提升运输系统安全管理责任,提高提升运输设备设施安全可靠性,坚决防范提升运输系统重特大事故的发生。

国家安全生产监督管理总局

国家煤矿安全监察局

二〇一二年三月二十八日

金属非金属地下矿山安全避险"六大系统"安装使用和监督检查暂行规定

国家安全监管总局
关于印发金属非金属地下矿山安全避险"六大系统"
安装使用和监督检查暂行规定的通知
安监总管一〔2010〕168号

各省、自治区、直辖市及新疆生产建设兵团安全生产监督管理局，有关中央企业：

为认真贯彻落实《国务院关于进一步加强企业安全生产工作的通知》（国发〔2010〕23号）精神，进一步提高金属非金属地下矿山安全生产保障能力，国家安全监管总局组织制定了《金属非金属地下矿山安全避险"六大系统"安装使用和监督检查暂行规定》。现印发给你们，请遵照执行。

国家安全生产监督管理总局
二〇一〇年十月九日

一、总则

（一）根据《国务院关于进一步加强企业安全生产工作的通知》（国发〔2010〕23号）精神和《金属非金属矿山安全规程》（GB16423—2006）等有关规定，制定本规定。

（二）金属非金属地下矿山（以下简称地下矿山）安全避险"六大系统"是指监测监控系统、井下人员定位系统、紧急避险系统、压风自救系统、供水施救系统和通信联络系统。

（三）地下矿山企业应按本规定要求期限安装使用安全避险"六大系统"，并加强日常管理和维护，确保各系统正常运行。

（四）县级以上安全监管部门负责本行政区域内地下矿山企业安全避险"六大系统"安装使用的监督检查工作。

二、安装标准

（五）监测监控系统。

1. 地下矿山企业应于2011年底前建立采掘工作面安全监测监控系统，实现对采掘工作面一氧化碳等有毒有害气体浓度，以及主要工作地点风速的动态监控。

（1）一氧化碳传感器设置。

①采用压入式通风的独头掘进巷道，应在距离掘进工作面5—10m混合风流处和距离巷道出口10—15m回风流中各设置1个一氧化碳传感器；采用抽出式通风的独头掘进巷道，应在风筒口与工作面的混合风流处设置1个一氧化碳传感器；采用混合式通风的独头掘进巷道，应在距离掘进工作面5—10m混合风流处设置1个一氧化碳传感器。一氧化碳传感器应垂直悬挂，距顶板不得大于0.3m，距巷壁不得小于0.2m。混合风流处的一氧化碳传感器应有防止爆破冲击的防护设施。

②每个采场入口处应设置1个一氧化碳传感器。

③掘进天井时，应按照独头掘进巷道的要求设置一氧化碳传感器。

④一氧化碳传感器报警浓度应设定为0.0024%。

⑤一氧化碳传感器的安装，应做到维护方便和不影响行人行车。

(2) 风速传感器设置。

①地下矿山各采掘工作面应设置风速传感器。当风速低于或超过《金属非金属矿山安全规程》的规定值时，应能发出报警信号。

②矿井主通风机房应设置风速和风压传感器，实现对全矿井总风量的动态监测。

2. 开采高硫等有自然发火危险矿床的地下矿山企业，还应在采掘工作面设置温度、硫化氢、二氧化硫等有毒有害气体传感器。

3. 存在大面积采空区、工程地质复杂、有严重地压活动的地下矿山企业，应于2012年底前建立完善地压监测监控系统，实现对采空区稳定性、顶板压力、位移变化等的动态监控。地下矿山企业应采用监测仪器或仪表，对开采范围内地表沉降量进行观测。

4. 开采与煤共（伴）生矿体的地下矿山企业，应按照《煤矿安全监控系统及检测仪器使用管理规范》（AQ1029—2007）的要求，在2010年底前建立完善安全监控系统，实现对井下瓦斯、一氧化碳浓度、温度、风速等的动态监测监控。

5. 地下矿山企业应于2011年底前建立完善提升人员的提升系统的视频监控系统，实现对井口调度室、提升绞车房、提升人员进出场所（井口、井底、中段马头门、调车场等）的视频监控。

6. 监测监控系统要具有数据显示、传输、存储、处理、打印、声光报警、控制等功能。

（六）井下人员定位系统。

1. 大中型地下矿山企业应于2012年6月底前，其他地下矿山企业应于 2013 年 6 月底前建设完善井下人员定位系统。当班井下作业人员数少于 30 人的，应建立人员出入井信息管理系统。

2. 井下人员定位系统应具有监控井下各个作业区域人员的动态分布及变化情况的功能。人员出入井信息管理系统应保证能准确掌握井下各个区域作业人员的数量。

（七）紧急避险系统。

1. 地下矿山企业应于 2011 年底前在每个中段至少设置一个避灾硐室或救生舱。独头巷道掘进时，应每掘进 500m 设置一个避灾硐室或救生舱。

2. 避灾硐室或救生舱应设置在岩石坚硬稳固的地方。避灾硐室应能有效防止有毒有害气体和井下涌水进入，并配备满足当班作业人员 1 周所需要的饮水、食品，配备自救器、有毒有害气体检测仪器、急救药品和照明设备，以及直通地面调度室的电话，安装供风、供水管路并设置阀门。

（八）压风自救系统。

1. 地下矿山企业应于 2011 年底前在按设计要求建立压风系统的基础上，按照为采掘作业的地点在灾变期间能够提供压风供气的要求，建立完善压风自救系统。

2. 空气压缩机应安装在地面。采用移动式空气压缩机供风的地下矿山企业，应在地面安装用于灾变时的空气压缩机，并建立压风供气系统。井下不得使用柴油空气压缩机。

3. 井下压风管路应采用钢管材料，并采取防护措施，防止因灾变破坏。井下各作业地点及避灾硐室（场所）处应设置供气阀门。

（九）供水施救系统。

1. 地下矿山企业应于 2011 年底前在现有生产和消防供水系

统的基础上，按照为采掘作业地点及灾变时人员集中场所能够提供水源的要求，建立完善供水施救系统。

2. 井下供水管路应采用钢管材料，并加强维护，保证正常供水。井下各作业地点及避灾硐室（场所）处应设置供水阀门。

（十）井下通信联络系统。

1. 地下矿山企业应于2010年底前按照《金属非金属矿山安全规程》的有关规定，以及在灾变期间能够及时通知人员撤离和实现与避险人员通话的要求，建设完善井下通信联络系统。

2. 地面调度室至主提升机房、井下各中段采区、马头门、装卸矿点、井下车场、主要机电硐室、井下变电所、主要泵房、主通风机房、避灾硐室（场所）、爆破时撤离人员集中地点等，应设有可靠的通信联络系统。

3. 矿井井筒通讯电缆线路一般分设两条通讯电缆，从不同的井筒进入井下配线设备，其中任何一条通讯电缆发生故障，另一条通讯电缆的容量应能担负井下各通讯终端的通讯能力。井下通讯终端设备，应具有防水、防腐、防尘功能。

4. 采用无线通讯系统的地下矿山企业，通讯信号应覆盖有人员流动的竖井、斜井、运输巷道、生产巷道和主要采掘工作面。

三、使用管理

（十一）地下矿山企业应建立安全避险"六大系统"管理制度，设置专门人员进行管理维护。要根据井下采掘系统的变化情况，及时补充完善安全避险"六大系统"。

（十二）地下矿山企业安全管理人员、通风工、区队长、班组长、当班安全员等应携带便携式检测仪器，按照《金属非金属矿山安全规程》和《金属非金属地下矿山通风技术规范》（AQ2013—2008）的有关规定，对井下有毒有害气体进行随机检测，对风速、风质等进行定期测定，发现和监测监控系统显示数值不一致时，应及时进行调校。

（十三）地下矿山企业应加强培训，确保入井人员熟悉各种灾害情况的避灾路线，并能正确使用安全避险设施。

（十四）地下矿山企业每年应开展一次安全避险"六大系统"应急演练，并建立应急演练档案。

（十五）地下矿山企业每年应将安全避险"六大系统"建设和运行情况，向县级以上安全监管部门进行书面报告。

四、监督检查

（十六）县级以上安全监管部门应将本行政区域内地下矿山企业安全避险"六大系统"的建设，作为安全监管的重要内容，并将其纳入年度安全监管执法工作计划，定期进行检查。

（十七）地下矿山企业未在规定期限内完成安全避险"六大系统"建设要求的，由县级以上安全监管部门依法依规暂扣安全生产许可证，限期整改，逾期仍未完成的，提请地方政府予以关闭。

（十八）新建地下矿山建设项目安全设施专篇设计应包括安全避险"六大系统"有关内容，无本规定要求内容的，负责组织安全专篇审查的安全监管部门不得予以审查批复。

（十九）新建地下矿山建设项目自规定要求期限开始，没有按要求完成安全避险"六大系统"有关内容建设的，负责组织安全设施竣工验收的安全监管部门不得予以通过验收和批复。

五、附则

（二十）省级安全监管部门可以根据实际情况制定实施细则，报国家安全监管总局备案。

（二十一）本规定自印发之日起施行。

金属非金属矿山建设项目
安全设施目录（试行）

国家安全生产监督管理总局令

第 75 号

《金属非金属矿山建设项目安全设施目录（试行）》已经 2015 年 1 月 30 日国家安全生产监督管理总局局长办公会议审议通过，现予公布，自 2015 年 7 月 1 日起施行。

国家安全生产监督管理总局局长
2015 年 3 月 16 日

一、总则

（一）安全设施目录适用范围。

1. 为规范和指导金属非金属矿山（以下简称矿山）建设项目安全设施设计、设计审查和竣工验收工作，根据《中华人民共和国安全生产法》和《中华人民共和国矿山安全法》，制定本目录。

2. 矿山采矿和尾矿库建设项目安全设施适用本目录。与煤共（伴）生的矿山建设项目安全设施，还应满足煤矿相关的规程和规范。

核工业矿山尾矿库建设项目安全设施不适用本目录。

3. 本目录中列出的安全设施不是所有矿山都必须设置的，

矿山企业应根据生产工艺流程、相关安全标准和规定，结合矿山实际情况设置相关安全设施。

（二）安全设施有关定义。

1. 矿山主体工程。

矿山主体工程是矿山企业为了满足生产工艺流程正常运转，实现矿山正常生产活动所必须具备的工程。

2. 矿山安全设施。

矿山安全设施是矿山企业为了预防生产安全事故而设置的设备、设施、装置、构（建）筑物和其他技术措施的总称，为矿山生产服务、保证安全生产的保护性设施。安全设施既有依附于主体工程的形式，也有独立于主体工程之外的形式。本目录将矿山建设项目安全设施分为基本安全设施和专用安全设施两部分。

3. 基本安全设施。

基本安全设施是依附于主体工程而存在，属于主体工程一部分的安全设施。基本安全设施是矿山安全的基本保证。

4. 专用安全设施。

专用安全设施是指除基本安全设施以外的，以相对独立于主体工程之外的形式而存在，不具备生产功能，专用于安全保护作用的安全设施。

（三）安全设施划分原则。

1. 依附于主体工程，且对矿山的安全至关重要，能够为矿山提供基本性安全保护作用的设备、设施、装置、构（建）筑物和其他技术措施，列为基本安全设施。

2. 相对独立存在且不具备生产功能，只为保护人员安全，防止造成人员伤亡而专门设置的保护性设备、设施、装置、构

（建）筑物和其他技术措施，列为专用安全设施。

3. 保安矿柱作为矿山开采安全中的重要技术措施列入基本安全设施。

4. 主体设备自带的安全装置，不列入本目录。

5. 为保持工作场所的工作环境，保护作业人员职业健康的设施，属于职业卫生范畴，不列入本目录。

6. 地面总降压变电所不列入本目录。

7. 井下爆破器材库按照《民用爆破物品安全管理条例》（国务院令第466号）等法规、标准的规定进行设计、建设、使用和监管，不列入本目录。

8. 在矿山建设期，仅专用安全设施建设费用可列入建设项目安全投资；在矿山生产期，补充、改善基本安全设施和专用安全设施的投资都可在企业安全生产费用中列支。

二、地下矿山建设项目安全设施目录

（一）基本安全设施。

1. 安全出口。

（1）通地表的安全出口，包括由明井（巷）和盲井（巷）组合形成的通地表的安全出口。

（2）中段和分段的安全出口。

（3）采场的安全出口。

（4）破碎站、装矿皮带道和粉矿回收水平的安全出口。

2. 安全通道和独立回风道。

（1）动力油硐室的独立回风道。

（2）爆破器材库的独立回风道。

（3）主水泵房的安全通道。

（4）破碎硐室、变（配）电硐室的安全通道或独立回风道。

（5）主溜井的安全检查通道。

3. 人行道和缓坡段。

（1）各类巷道（含平巷、斜巷、斜井、斜坡道等）的人行道。

（2）斜坡道的缓坡段。

4. 支护。

（1）井筒支护。

（2）巷道（含平巷、斜巷、斜井、斜坡道等）支护。

（3）采场支护（包括采场顶板和侧帮、底部结构等的支护）。

（4）硐室支护。

5. 保安矿柱。

（1）境界矿柱。

（2）井筒保安矿柱。

（3）中段（分段）保安矿柱。

（4）采场点柱、保安间柱等。

6. 防治水。

（1）河流改道工程（含导流堤、明沟、隧洞、桥涵等）及河床加固。

（2）地表截水沟、排洪沟（渠）、防洪堤。

（3）地下水疏/堵工程及设施（含疏干井、放水孔、疏干巷道、防水闸门、水仓、疏干设备、防水矿柱、防渗帷幕及截渗墙等）。

（4）露天开采转地下开采的矿山露天坑底防洪水突然灌入井下的设施（包括露天坑底所做的假底、坑底回填等）。

（5）热水充水矿床的疏水系统。

7. 竖井提升系统。

（1）提升装置，包括制动系统、控制系统、闭锁装置等。

（2）钢丝绳（包括提升钢丝绳、平衡钢丝绳、罐道钢丝绳、制动钢丝绳、隔离钢丝绳）及其连接或固定装置。

（3）罐道，包括木罐道、型钢罐道、钢轨罐道、钢木复合罐道等。

（4）提升容器。

（5）摇台或其他承接装置。

8. 斜井提升系统。

（1）提升装置，包括制动系统、控制系统。

（2）提升钢丝绳及其连接装置。

（3）提升容器（含箕斗、矿车和人车）。

9. 电梯井提升系统（包括钢丝绳、罐道、轿厢、控制系统等）。

10. 带式输送机系统的各种闭锁和机械、电气保护装置。

11. 排水系统。

（1）主水仓、井底水仓、接力排水水仓。

（2）主水泵房、接力泵房、各种排水水泵、排水管路、控制系统。

（3）排水沟。

12. 通风系统。

（1）专用进风井及专用进风巷道。

（2）专用回风井及专用回风巷道。

（3）主通风机、控制系统。

13. 供、配电设施。

（1）矿山供电电源、线路及总降压主变压器容量、地表向井下供电电缆。

（2）井下各级配电电压等级。

（3）电气设备类型。

（4）高、低压供配电中性点接地方式。

（5）高、低压电缆。

（6）提升系统、通风系统、排水系统的供配电设施。

（7）地表架空线转下井电缆处防雷设施。

（8）高压供配电系统继电保护装置。

（9）低压配电系统故障（间接接触）防护装置。

（10）直流牵引变电所电气保护设施、直流牵引网络安全措施。

（11）爆炸危险场所电机车轨道电气的安全措施。

（12）设有带油设备的电气硐室的安全措施。

（13）照明设施。

（14）工业场地边坡的安全加固及防护措施。

（二）专用安全设施。

1. 罐笼提升系统。

（1）梯子间及安全护栏。

（2）井口和井下马头门的安全门、阻车器和安全护栏。

（3）尾绳隔离保护设施。

（4）防过卷、防过放、防坠设施。

（5）钢丝绳罐道时各中段的稳罐装置。

（6）提升机房内的盖板、梯子和安全护栏。

（7）井口门禁系统。

2. 箕斗提升系统。

（1）井口、装载站、卸载站等处的安全护栏。

（2）尾绳隔离保护设施。

（3）防过卷、防过放设施。

（4）提升机房内的盖板、梯子和安全护栏。

3. 混合竖井提升系统。

（1）罐笼提升系统安全设施（见罐笼提升系统）。

（2）箕斗提升系统安全设施（见箕斗提升系统）。

（3）混合井筒中的安全隔离设施。

4. 斜井提升系统。

（1）防跑车装置。

（2）井口和井下马头门的安全门、阻车器、安全护栏和挡车设施。

（3）人行道与轨道之间的安全隔离设施。

（4）梯子和扶手。

（5）躲避硐室。

（6）人车断绳保险器。

（7）轨道防滑措施。

（8）提升机房内的安全护栏和梯子。

（9）井口门禁系统。

5. 斜坡道与无轨运输巷道。

（1）躲避硐室。

（2）卸载硐室的安全挡车设施、护栏。

（3）人行巷道的水沟盖板。

（4）交通信号系统。

（5）井口门禁系统。

6. 带式输送机系统。

（1）设备的安全护罩。

（2）安全护栏。

（3）梯子、扶手。

7. 电梯井提升系统。

（1）梯子间及安全护栏。

（2）电梯间和梯子间进口的安全防护网。

8. 有轨运输系统。

（1）装载站和卸载站的安全护栏。

（2）人行巷道的水沟盖板。

9. 动力油储存硐室。

（1）硐室口的防火门。

（2）栅栏门。

（3）防静电措施。

（4）防爆照明设施。

10. 破碎硐室。

（1）设备护罩、梯子和安全护栏。

（2）自卸车卸矿点的安全挡车设施。

11. 采场。

（1）采空区及其他危险区域的探测、封闭、隔离或充填设施。

（2）地下原地浸出采矿和原地爆破浸出采矿的防渗工程及对溶液渗透的监测系统。

（3）原地浸出采矿引起地表塌陷、滑坡的防护及治理措施。

（4）自动化作业采区的安全门。

（5）爆破安全设施（含警示旗、报警器、警戒带等）。

（6）工作面人机隔离设施。

12. 人行天井与溜井。

（1）梯子间及防护网、隔离栅栏。

（2）井口安全护栏。

（3）废弃井口的封闭或隔离设施。

（4）溜井井口安全挡车设施。

（5）溜井口格筛。

13. 供、配电设施。

（1）避灾硐室应急供电设施。

（2）裸带电体基本（直接接触）防护设施。

（3）变配电硐室防水门、防火门、栅栏门。

（4）保护接地及等电位联接设施。

（5）牵引变电所接地设施。

（6）变配电硐室应急照明设施。

（7）地面建筑物防雷设施。

14. 通风和空气预热及制冷降温。

（1）主通风机的反风设施和备用电机及快速更换装置。

（2）辅助通风机。

（3）局部通风机。

（4）风机进风口的安全护栏和防护网。

（5）阻燃风筒。

（6）通风构筑物（含风门、风墙、风窗、风桥等）。

（7）风井内的梯子间。

（8）风井井口和马头门处的安全护栏。

（9）严寒地区，通地表的井口（如罐笼井、箕斗井、混合井和斜提升井等）设置的防冻设施；用于进风的井口和巷道硐口（如专用进风井、专用进风平硐、专用进风斜井、罐笼井、混合井、斜提升井、胶带斜井、斜坡道、运输巷道等）设置的空气预热设施。

（10）地下高温矿山制冷降温设施，包括地表制冷站设施、地下制冷站设施、管路及分配设施等。

15. 排水系统。

（1）监测与控制设施。

（2）水泵房及毗连的变电所（或中央变电所）入口的防水门及两者之间的防火门。

（3）水泵房及变电所内的盖板、安全护栏（门）。

16. 充填系统。

（1）充填管路减压设施。

（2）充填管路压力监测装置。

（3）充填管路排气设施。

（4）充填搅拌站内及井下的安全护栏及其他防护措施（包括物料输送机和其他相关设备、砂浆池、砂仓等的安全护栏及其他防护措施）。

（5）充填系统事故池。

（6）采场充填挡墙。

17. 地压、岩体位移监测系统。

（1）地表变形、塌陷监测系统。

（2）坑内应力、应变监测系统。

18. 安全避险"六大系统"。

（1）监测监控系统。

（2）人员定位系统。

（3）紧急避险系统。

（4）压风自救系统。

（5）供水施救系统。

（6）通信联络系统。

19. 消防系统。

（1）消防供水系统。

（2）消防水池。

（3）消防器材。

（4）火灾报警系统。

（5）防火门（除前面所述之外的防火门）。

（6）有自然发火倾向区域的防火隔离设施。

20. 防治水。

（1）中段（分段）或采区的防水门。

（2）地下水头（水位）、水质、中段涌水量监测设施。

（3）探水孔、放水孔及探放水巷道，探、放水孔的孔口管和控制闸阀，探、放水设备。

（4）降雨量观测站。

（5）在有突水可能性的工作面设置的救生圈、安全绳等救生设施。

21. 崩落法、空场法开采时的地表塌陷或移动范围保护措施。

22. 水溶性开采。

（1）有毒有害气体积聚处（井口、卤池、取样阀等）采取的防毒措施。

（2）井口的防喷装置。

（3）排水和防止液体渗漏的设施。

（4）地面防滑措施。

（5）井盐矿山设立的地表水和地下水水质监测系统。

（6）地表沉降和位移的监测设施。

（7）不用的地质勘探井和生产报废井的封井措施。

23. 矿山应急救援设备及器材。

24. 个人安全防护用品。

25. 矿山、交通、电气安全标志。

26. 其他设施。

（1）排土场（或废石场）安全设施参见露天矿山相关内容。

（2）放射性矿山的防护措施。

（3）地下原地浸出采矿：监测井（孔）、套管、气体站安全护栏、集液池、酸液池及二次缓冲池安全护栏、事故处理池和管路。

三、露天矿山建设项目安全设施目录

（一）基本安全设施。

1. 露天采场。

（1）安全平台、清扫平台、运输平台。

（2）运输道路的缓坡段。

（3）露天采场边坡、道路边坡、破碎站和工业场地边坡的安全加固及防护措施。

（4）溜井底放矿硐室的安全通道及井口的安全挡车设施、格筛。

（5）设计规定保留的矿（岩）体或矿段。

（6）边坡角。

（7）爆破安全距离界线。

2. 防排水。

（1）河流改道工程（含导流堤、明沟、隧洞、桥涵等）及河床加固。

（2）地表截水沟、排洪沟（渠）、防洪堤、拦水坝、台阶排水沟、截排水隧洞、沉砂池、消能池（坝）。

（3）地下水疏/堵工程及设施（含疏干井、放水孔、疏干巷道、防水闸门、水仓、疏干设备、防水矿柱、防渗帷幕及截渗墙等）。

（4）露天采场排水设施，包括水泵和管路。

3. 铁路运输。

（1）运输线路的安全线、避让线、制动检查所、线路两侧的界限架。

（2）护轮轨、防溜车措施、减速器、阻车器。

4. 带式输送机系统的各种闭锁和电气保护装置。

5. 架空索道运输。

（1）架空索道的承载钢丝绳和牵引钢丝绳。

（2）架空索道的制动系统。

（3）架空索道的控制系统。

6. 斜坡卷扬运输。

（1）提升装置，包括制动系统、控制系统。

（2）提升钢丝绳及其连接装置。

（3）提升容器（包括箕斗、矿车和人车）。

7. 供、配电设施。

（1）矿山供电电源、线路及总降压主变压器容量、向采矿场供电线路。

（2）各级配电电压等级。

（3）电气设备类型。

（4）高、低压供配电中性点接地方式。

（5）排水系统供配电设施。

（6）采矿场供电线路、电缆及保护、避雷设施。

（7）高压供配电系统继电保护装置。

（8）低压配电系统故障（间接接触）防护装置。

（9）直流牵引变电所的电气保护设施、直流牵引网络的安全措施。

（10）爆炸危险场所电机车轨道的电气安全措施。

（11）变、配电室的金属丝网门。

（12）采场及排土场（废石场）正常照明设施。

8. 排土场（废石场）。

（1）安全平台。

（2）运输道路缓坡段。

（3）拦渣坝。

（4）阶段高度、总堆置高度、安全平台宽度、总边坡角。

9. 通信系统。

（1）联络通信系统。

（2）信号系统。

（3）监视监控系统。

（二）专用安全设施。

1. 露天采场。

（1）露天采场所设的边界安全护栏。

（2）废弃巷道、采空区和溶洞的探测设备，充填、封堵措施或隔离设施。

（3）溜井口的安全护栏、挡车设施、格筛。

（4）爆破安全设施（含躲避设施、警示旗、报警器、警戒带等）。

（5）水力开采运矿沟槽上的盖板或金属网。

（6）挖掘船上的救护设备。

（7）挖掘船开采时，作业人员穿戴的救生器材。

2. 铁路运输。

（1）运输线路的安全护栏、防护网、挡车设施、道口护栏。

（2）道路岔口交通警示报警设施。

（3）陡坡铁路运输时的线路防爬设施（含防爬器、抗滑桩等）。

（4）曲线轨道加固措施。

3. 汽车运输。

（1）运输线路的安全护栏、挡车设施、错车道、避让道、紧急避险道、声光报警装置。

（2）矿、岩卸载点的安全挡车设施。

4. 带式输送机运输。

（1）设备的安全护罩。

（2）安全护栏。

（3）梯子、扶手。

5. 架空索道运输。

（1）线路经过厂区、居民区、铁路、道路时的安全防护措施。

（2）线路与电力、通讯架空线交叉时的安全防护措施。

（3）站房安全护栏。

6. 斜坡卷扬运输。

（1）阻车器、安全挡车设施。

（2）斜坡轨道两侧的堑沟、安全隔挡设施。

（3）防止跑车装置。

（4）防止钢轨及轨梁整体下滑的措施。

7. 破碎站。

（1）卸矿安全挡车设施。

（2）设备运动部分的护罩、安全护栏。

（3）安全护栏、盖板、扶手、防滑钢板。

8. 排土场（废石场）。

（1）排土场（废石场）道路的安全护栏、挡车设施。

（2）截（排）水设施（含截水沟、排水沟、排水隧洞、截洪坝等）。

（3）底部排渗设施。

（4）滚石或泥石流拦挡设施。

（5）滑坡治理措施。

（6）坍塌与沉陷防治措施。

（7）地基处理。

9. 供、配电设施。

（1）裸带电体基本（直接接触）防护设施。

（2）保护接地设施。

（3）直流牵引变电所接地设施。

（4）采场变、配电室应急照明设施。

（5）地面建筑物防雷设施。

10. 监测设施。

（1）采场边坡监测设施。

（2）排土场（废石场）边坡监测设施。

11. 为防治水而设的水位和流量监测系统。

12. 矿山应急救援器材及设备。

13. 个人安全防护用品。

14. 矿山、交通、电气安全标志。

15. 有井巷工程时其安全设施参见地下矿山相关内容。

四、尾矿库建设项目安全设施目录

（一）基本安全设施。

1. 尾矿坝。

（1）初期坝（含库尾排矿干式尾矿库的拦挡坝）。

（2）堆积坝。

（3）副坝。

（4）挡水坝。

（5）一次性建坝的尾矿坝。

2. 尾矿库库内排水设施。

（1）排水井。

（2）排水斜槽。

（3）排水隧洞。

（4）排水管。

（5）溢洪道。

（6）消力池。

3. 尾矿库库周截排洪设施。

（1）拦洪坝。

（2）截洪沟。

（3）排水井。

（4）排洪隧洞。

（5）溢洪道。

（6）消力池。

4. 堆积坝坝面防护设施。

（1）堆积坝护坡。

（2）坝面排水沟。

（3）坝肩截水沟。

5. 辅助设施。

（1）尾矿库交通道路。

（2）尾矿库照明设施。

（3）通信设施。

（二）专用安全设施。

1. 尾矿库地质灾害与雪崩防护设施。

（1）尾矿库泥石流防护设施。

（2）库区滑坡治理设施。

（3）库区岩溶治理设施。

（4）高寒地区的雪崩防护设施。

2. 尾矿库安全监测设施。

（1）库区气象监测设施。

（2）地质灾害监测设施。

（3）库水位监测设施。

（4）干滩监测设施。

（5）坝体表面位移监测设施。

（6）坝体内部位移监测设施。

（7）坝体渗流监测设施。

（8）视频监控设施。

（9）在线监测中心。

3. 尾矿坝坝体排渗设施。

（1）贴坡排渗。

（2）自流式排渗管。

（3）管井排渗。

（4）垂直-水平联合自流排渗。

（5）虹吸排渗。

（6）辐射井。

（7）排渗褥垫。

（8）排渗盲沟（管）。

4. 干式尾矿汽车运输。

（1）运输线路的安全护栏、挡车设施。

（2）汽车避让道。

（3）卸料平台的安全挡车设施。

5. 干式尾矿带式输送机运输。

（1）输送机系统的各种闭锁和电气保护装置。

（2）设备的安全护罩。

（3）安全护栏。

（4）梯子、扶手。

6. 库内回水浮船、运输船防护设施。

（1）安全护栏。

（2）救生器材。

（3）浮船固定设施。

（4）电气设备接地措施。

7. 辅助设施。

（1）尾矿库管理站。

（2）报警系统。

（3）库区安全护栏。

（4）矿山、交通、电气安全标志。

8. 应急救援器材及设备。

9. 个人安全防护用品。

矿山安全监察工作规则

劳部发〔1995〕398号

(1995年11月6日中华人民共和国劳动部发布)

第一章 总 则

第一条 为加强矿山安全监察工作，促进矿山安全监察工作的规范化和制度化建设，根据《中华人民共和国矿山安全法》的有关规定，制定本规则。

第二条 各级劳动行政部门应按本规则所规定的内容，依法对矿山企业及其主管部门开展矿山安全监察工作。凡违反矿山安全法律、法规的行为，劳动行政部门应依法查处。

第二章 规章制度检查

第三条 劳动行政部门应督促检查管理矿山企业的主管部门制定矿山安全规程和行业技术规范。

第四条 劳动行政部门应督促检查矿山企业建立健全并实施安全生产责任制度。

第五条 劳动行政部门应检查矿山企业及其主管部门主要负责人和有关人员学习贯彻矿山安全法律、法规的情况。

第六条 劳动行政部门应督促同级管理矿山企业的主管部门及被直接监督的矿山企业按期报送有关矿山安全的计划、统计数据和技术资料。

第七条 劳动行政部门应参与同级管理矿山企业的主管部门及被直接监督的矿山企业组织的有关安全生产的活动和参加其安全生产的会议。

第三章 工程设计审查与竣工验收

第八条 劳动行政部门应根据有关部门报送的矿山建设工程项目设计审查和竣工验收计划，制定本部门参加设计审查与竣工验收的计划，并通告相关的部门、单位。

第九条 劳动行政部门应按下列规定参加矿山建设工程项目可行性研究报告或初步设计的审查：

（一）对矿山建设单位或设计单位报送的可行性研究报告或初步设计文件（含矿山安全卫生专篇）及有关资料，应组织有关专业人员，进行研究分析，形成书面意见；

（二）凡不符合矿山安全法律、法规、标准及矿山安全规程和行业技术规范的，应当在收到初步设计文件之日起十五日内通知建设、设计和组织审查单位，提出修改意见，交原设计单位补充、修改；

（三）在可行性研究报告或初步设计审查会议上，应提出审查意见或修改要求；

（四）经审查批准的矿山建设工程项目安全设施设计需要修改时，须经原参加审查的劳动行政部门同意。

第十条 劳动行政部门应按以下规定参加矿山建设工程安全设施的竣工验收：

（一）收到矿山建设单位报送的矿山建设工程安全设施施工和完成情况的综合报告及有关资料后，应在三十日内，组织有关专业人员对所报材料进行研究，并对建设工程的安全设施进行全面检查。凡不符合矿山安全法律、法规、标准及矿山安全规程和行业技术规范的，应向建设单位和施工单位提出改进意见；

（二）参加矿山建设工程安全设施竣工验收时，应对照有关规定和批准的《矿山安全卫生专篇》，对安全设施进行检查，提出意见；

凡不符合矿山安全法律、法规、标准及矿山安全规程和行业技术规范的，应要求限期改正；凡未经验收或验收不合格，擅自投入生产或使用的，劳动行政部门应按有关规定给予处罚。

第四章 现场检查

第十一条 劳动行政部门应根据本地区的实际情况，确定现场检查的重点、方式和检查周期，并制定有关制度。

第十二条 劳动行政部门的矿山安全监察员进入现场检查，应向被检查的矿山企业出示矿山安全监察员证件。

进入现场检查的矿山安全监察员应对被检查矿山企业的基

本情况,检查的时间、目的、内容、结果及处理意见等情况进行记录。现场检查记录应有被检查矿山企业的负责人签字。

第十三条 劳动行政部门应按下列规定检查矿山企业的职工安全教育培训:

(一) 培训的组织机构、场所、设施、师资、设备和经费;

(二) 培训制度、大纲、教材、内容和周期的执行;

(三) 特种作业人员持安全操作资格证上岗及矿长持安全资格证任职的情况;

(四) 职工掌握有关安全法律、法规的知识及安全专业知识和技能的情况;

(五) 职工掌握作业规程和预防事故措施的情况。

第十四条 劳动行政部门应按下列规定检查安全技术措施费用:

(一) 费用提取与使用制度;

(二) 费用提取与使用情况。

第十五条 劳动行政部门应按下列规定检查矿山企业的安全设施:

(一) 矿山设计规定的各类矿柱、岩柱的保留和保护;

(二) 有特殊安全要求的设备、器材、防护用品和安全检测仪器的配备以及使用、检查、维修和管理;

(三) 矿山企业对作业场所的通风、气候条件以及粉尘、有毒有害气体等劳动条件和安全状况的检测、监测情况,和负责人审阅有关记录的情况,并可授权检测检验机构对上述情况进行抽检。

第十六条 劳动行政部门应重点检查下列危害安全的事故隐患和针对这些事故隐患需采取的预防措施(包括避灾路线):

（一）冒顶、片帮、边坡滑落和地表塌陷；

（二）瓦斯、煤尘爆炸；

（三）瓦斯突出、冲击地压、井喷；

（四）地面和井下的火灾、水害；

（五）爆破器材和爆破作业发生的危害；

（六）粉尘、有毒有害气体、放射性物质和其他有害物质引起的危害；

（七）其他危害。

第十七条 劳动行政部门对检查出的主要问题必须下达《矿山安全监督指令书》，指出存在的问题及令其解决的期限。《矿山安全监督指令书》一式三联，由矿山安全监察员及被检查的矿山企业负责人签字后，一联由劳动行政部门存档，一联交被检查矿山企业的主管部门，另一联交被检查的矿山企业。

劳动行政部门应检查《矿山安全监督指令书》的落实情况。

第十八条 劳动行政部门对检查出的有关违法行为必须下达《违反矿山安全法行政处罚通知书》。《违反矿山安全法行政处罚通知书》应写明违法的事实和处罚的依据。

凡不执行《违反矿山安全法行政处罚通知书》的，劳动行政部门应依法申请人民法院强制执行。

第五章　事故调查和处理

第十九条 劳动行政部门接到矿山企业的事故报告后，应按有关规定，将事故情况报告同级人民政府及上级劳动行政部门。

对不及时或不如实报告事故的矿山企业，应依据有关规定进行处罚。

第二十条　劳动行政部门接到死亡或一次重伤三人以上的事故报告后，必须立即按规定派员赶到事故现场，并根据有关规定，尽快组成事故调查组调查，参加并监督事故的调查工作。

事故调查组在不影响事故抢救的情况下，应及时取证，查明事故发生的直接原因、间接原因、过程、人员死亡和经济损失。

事故调查组在查清事故原因的基础上，应分清事故的责任，提出对事故责任者的处理意见，并提出防止同类事故再次发生的防范措施，写出事故调查报告，按有关规定上报。

第二十一条　劳动行政部门应对事故调查报告中的事故原因、性质、责任划分、责任者处理和防范措施等进行审核。对于调查有误、原因不清或建议不妥的，应予纠正。

第二十二条　劳动行政部门应依照有关规定，对事故调查报告作出批复，交有关部门执行。批复文件按有关规定上报备案。

第二十三条　劳动行政部门应督促发生事故的矿山企业及其主管部门执行事故批复文件，并将落实情况报告同级人民政府和上级劳动行政部门。

第二十四条　对于提请司法机关处理但免予起诉的事故责任者，劳动行政部门应建议有关部门对其作出行政处分，并从重给予行政处罚。

第二十五条　劳动行政部门应按有关规定及时向社会公布事故处理的情况。

第六章 事故统计与分析

第二十六条 各级劳动行政部门应按有关规定填写矿山伤亡事故统计报表，并报送上级劳动行政部门。

第二十七条 劳动行政部门应定期分析所辖地区的伤亡事故情况，研究变化趋势，找出原因，并及时向同级人民政府和上级劳动行政部门报告。

第二十八条 劳动行政部门应按照有关规定，定期向社会公布本辖区的矿山伤亡事故情况。

第七章 附 则

第二十九条 各级劳动行政部门应建立以下档案：

（一）矿山企业安全状况档案。内容应包括所辖地区内各类矿山个数、类别以及各矿山企业的名称、地址、所有制状况、法人代表、生产能力、职工人数、安全机构的设置、安全工作人员配备情况、安全状况、各大生产系统的状况、主要危害及其预防措施、采掘工程平面图等图纸资料等。煤矿企业的安全状况档案内容还应包括瓦斯等级、煤尘爆炸指数、自燃发火期等情况。

（二）矿山建设工程项目设计审查、竣工验收档案。内容应包括项目批准文件、验收交接鉴定书、会议纪要。

（三）现场检查档案。按照本规则第十二条、第十七条和第十八条的规定，内容应包括现场检查记录、下达的《矿山安全监督指令书》和《违反矿山安全法行政处罚通知书》及其落实情况。

（四）事故处理档案。内容应包括分管的各起事故的调查报告、批复文件以及有关资料。

（五）事故统计档案。内容应包括各类矿山事故统计报表、矿山事故及安全形势定期分析等。

（六）根据矿山安全监察工作需要，应建立的其他档案。

第三十条 各级劳动行政部门应根据本规则和本地区实际情况，制定具体的矿山安全监察工作计划，并组织实施。

第三十一条 本规则自发布之日起施行。

附 录

金属与非金属矿产资源地质勘探
安全生产监督管理暂行规定

国家安全生产监督管理总局令
第 35 号

《金属与非金属矿产资源地质勘探安全生产监督管理暂行规定》已经 2010 年 11 月 15 日国家安全生产监督管理总局局长办公会议审议通过,现予公布,自 2011 年 1 月 1 日起施行。

国家安全生产监督管理总局局长
二〇一〇年十二月三日

(2010 年 12 月 3 日国家安全监管总局令第 35 号公布,根据 2015 年 5 月 26 日国家安全监管总局令第 78 号修正)

第一章 总 则

第一条 为加强金属与非金属矿产资源地质勘探作业安全

的监督管理，预防和减少生产安全事故，根据安全生产法等有关法律、行政法规，制定本规定。

第二条 从事金属与非金属矿产资源地质勘探作业的安全生产及其监督管理，适用本规定。

生产矿山企业的探矿活动不适用本规定。

第三条 本规定所称地质勘探作业，是指在依法批准的勘查作业区范围内从事金属与非金属矿产资源地质勘探的活动。

本规定所称地质勘探单位，是指依法取得地质勘查资质并从事金属与非金属矿产资源地质勘探活动的企事业单位。

第四条 地质勘探单位对本单位地质勘探作业安全生产负主体责任，其主要负责人对本单位的安全生产工作全面负责。

国务院有关部门和省、自治区、直辖市人民政府所属从事矿产地质勘探及管理的企事业法人组织（以下统称地质勘探主管单位），负责对其所属地质勘探单位的安全生产工作进行监督和管理。

第五条 国家安全生产监督管理总局对全国地质勘探作业的安全生产工作实施监督管理。

县级以上地方各级人民政府安全生产监督管理部门对本行政区域内地质勘探作业的安全生产工作实施监督管理。

第二章 安全生产职责

第六条 地质勘探单位应当遵守有关安全生产法律、法规、规章、国家标准以及行业标准的规定，加强安全生产管理，排查治理事故隐患，确保安全生产。

第七条 从事钻探工程、坑探工程施工的地质勘探单位应当取得安全生产许可证。

第八条 地质勘探单位从事地质勘探活动,应当持本单位地质勘查资质证书和地质勘探项目任务批准文件或者合同书,向工作区域所在地县级安全生产监督管理部门书面报告,并接受其监督检查。

第九条 地质勘探单位应当建立健全下列安全生产制度和规程:

(一)主要负责人、分管负责人、安全生产管理人员和职能部门、岗位的安全生产责任制度;

(二)岗位作业安全规程和工种操作规程;

(三)现场安全生产检查制度;

(四)安全生产教育培训制度;

(五)重大危险源检测监控制度;

(六)安全投入保障制度;

(七)事故隐患排查治理制度;

(八)事故信息报告、应急预案管理和演练制度;

(九)劳动防护用品、野外救生用品和野外特殊生活用品配备使用制度;

(十)安全生产考核和奖惩制度;

(十一)其他必须建立的安全生产制度。

第十条 地质勘探单位及其主管单位应当按照下列规定设置安全生产管理机构或者配备专职安全生产管理人员:

(一)地质勘探单位从业人员超过100人的,应当设置安全生产管理机构,并按不低于从业人员1%的比例配备专职安全生产管理人员;从业人员在100人以下的,应当配备不少于2名的专职安全生产管理人员;

(二)所属地质勘探单位从业人员总数在3000人以上的地

质勘探主管单位，应当设置安全生产管理机构，并按不低于从业人员总数1‰的比例配备专职安全生产管理人员；从业人员总数在3000人以下的，应当设置安全生产管理机构或者配备不少于1名的专职安全生产管理人员。

专职安全生产管理人员中应当有注册安全工程师。

第十一条 地质勘探单位的主要负责人和安全生产管理人员应当具备与本单位所从事地质勘探活动相适应的安全生产知识和管理能力，并经安全生产监督管理部门考核合格。

地质勘探单位的特种作业人员必须经专门的安全技术培训并考核合格，取得特种作业操作证后，方可上岗作业。

第十二条 地质勘探单位从事坑探工程作业的人员，首次上岗作业前应当接受不少于72小时的安全生产教育和培训，以后每年应当接受不少于20小时的安全生产再培训。

第十三条 地质勘探单位应当按照国家有关规定提取和使用安全生产费用。安全生产费用列入生产成本，并实行专户存储、规范使用。

第十四条 地质勘探工程的设计、施工和安全管理应当符合《地质勘探安全规程》（AQ2004-2005）的规定。

第十五条 坑探工程的设计方案中应当设有安全专篇。安全专篇应当经所在地安全生产监督管理部门审查同意；未经审查同意的，有关单位不得施工。

坑探工程安全专篇的具体审查办法由省、自治区、直辖市人民政府安全生产监督管理部门制定。

第十六条 地质勘探单位不得将其承担的地质勘探工程项目转包给不具备安全生产条件或者相应地质勘查资质的地质勘探单位，不得允许其他单位以本单位的名义从事地质勘探活动。

第十七条 地质勘探单位不得以探矿名义从事非法采矿活动。

第十八条 地质勘探单位应当为从业人员配备必要的劳动防护用品、野外救生用品和野外特殊生活用品。

第十九条 地质勘探单位应当根据本单位实际情况制定野外作业突发事件等安全生产应急预案,建立健全应急救援组织或者与邻近的应急救援组织签订救护协议,配备必要的应急救援器材和设备,按照有关规定组织开展应急演练。

应急预案应当按照有关规定报安全生产监督管理部门和地质勘探主管单位备案。

第二十条 地质勘探主管单位应当按照国家有关规定,定期检查所属地质勘探单位落实安全生产责任制和安全生产费用提取使用、安全生产教育培训、事故隐患排查治理等情况,并组织实施安全生产绩效考核。

第二十一条 地质勘探单位发生生产安全事故后,应当按照有关规定向事故发生地县级以上安全生产监督管理部门和地质勘探主管单位报告。

第三章 监督管理

第二十二条 安全生产监督管理部门应当加强对地质勘探单位安全生产的监督检查,对检查中发现的事故隐患和安全生产违法违规行为,依法作出现场处理或者实施行政处罚。

第二十三条 安全生产监督管理部门应当建立完善地质勘探单位管理制度,及时掌握本行政区域内地质勘探单位的作业情况。

第二十四条 安全生产监督管理部门应当按照本规定的要求开展对坑探工程安全专篇的审查,建立安全专篇审查档案。

第四章　法律责任

第二十五条　地质勘探单位有下列情形之一的，责令限期改正，可以处 5 万元以下的罚款；逾期未改正的，责令停产停业整顿，并处 5 万元以上 10 万元以下的罚款，对其直接负责的主管人员和其他直接责任人员处 1 万元以上 2 万元以下的罚款：

（一）未按照本规定设立安全生产管理机构或者配备专职安全生产管理人员的；

（二）特种作业人员未持证上岗作业的；

（三）从事坑探工程作业的人员未按照规定进行安全生产教育和培训的。

第二十六条　地质勘探单位有下列情形之一的，给予警告，并处 3 万元以下的罚款：

（一）未按照本规定建立有关安全生产制度和规程的；

（二）未按照规定提取和使用安全生产费用的；

（三）坑探工程安全专篇未经安全生产监督管理部门审查同意擅自施工的。

第二十七条　地质勘探单位未按照规定向工作区域所在地县级安全生产监督管理部门书面报告的，给予警告，并处 2 万元以下的罚款。

第二十八条　地质勘探单位将其承担的地质勘探工程项目转包给不具备安全生产条件或者相应资质的地质勘探单位的，责令限期改正，没收违法所得；违法所得 10 万元以上的，并处违法所得 2 倍以上 5 倍以下的罚款；没有违法所得或者违法所得不足 10 万元的，单处或者并处 10 万元以上 20 万元以下的罚款；对其直接负责的主管人员和其他直接责任人员处 1 万元以上 2 万元以下的罚款；导致发生生产安全事故给他人造成损害的，与承包方承担连带赔偿责任。

第二十九条 本规定规定的行政处罚由县级以上安全生产监督管理部门实施。

第五章 附　则

第三十条 本规定自 2011 年 1 月 1 日起施行。

关于金属与非金属矿山实施矿用产品安全标志管理的通知

安监总规划字〔2005〕83号

各省、自治区、直辖市及新疆生产建设兵团安全生产监督管理局，矿用产品安全标志办公室，各有关单位：

为进一步加强金属与非金属矿山安全生产工作，防止可能危及生产安全的矿用产品进入生产过程，从源头上防止矿山灾害事故的发生，根据《安全生产法》和《〈矿山安全法〉实施条例》的有关规定，借鉴国外先进经验和煤矿矿用产品安全标志管理的成功做法，经研究决定，对金属与非金属矿山使用的涉及生命安全、危险性较大的矿用产品实施安全标志管理。现将有关事项通知如下：

一、执行安全标志管理的金属与非金属矿山矿用产品包括：电气设备，排水设备，提升运输设备，通风防尘装备，采掘支护设备，安全监测监控、通讯仪器与装备，电缆、输送带等矿用非金属制品，应急救援设备等（执行安全标志管理的矿用产品目录详见附件）。

具有爆炸性气体（粉尘）危害的金属与非金属矿山执行安全标志管理的矿用产品目录参照安全标志管理的煤矿矿用产品目录执行。

目录范围内的进口产品也必须执行安全标志管理。

二、对实施安全标志管理的金属与非金属矿山矿用产品，生产单位必须在取得安全标志后，才能进行该产品的生产、销售；矿山企业必须采购、使用已取得安全标志的矿用产品。凡因采购、使用无安全标志产品而造成生产安全事故的，要依法追究有关责任者的责任。

三、国家安全生产监督管理总局对金属与非金属矿山矿用产品安全标志实施综合监督管理，并授权矿用产品安全标志办公室具体负责金属与非金属矿山矿用产品安全标志的审核、发放和日常管理工作，矿用产品安全标志办公室对所发放的安全标志负责。

四、金属与非金属矿山矿用产品安全标志的审核发放，要严格执行原国家安全生产监督管理局《关于发布〈矿用产品安全标志申办程序〉等11个安全标志管理文件的通知》（安监管规划字〔2004〕107号）的有关规定。既可用于煤矿也可用于金属与非金属矿山且执行标准相同的矿用产品，申办单位提出申请，经审核、检验合格后，可同时发放煤矿矿用产品安全标志和金属与非金属矿山矿用产品安全标志。

五、金属与非金属矿山矿用产品安全标志由安全标志证书和安全标志标识组成。安全标志证书由国家安全生产监督管理总局监制。安全标志标识由字母"KA"和安全标志编号组成。取得安全标志的产品应在产品外体明显位置加施安全标志标识。

六、各级安全生产监督管理部门要将金属与非金属矿山矿用产品执行安全标志管理制度作为一项重要的技术装备安全保障工作来抓，加强矿山企业执行安全标志管理制度的监督、监察，充分发挥安全标志管理制度在矿山安全生产中的重要作用。

七、矿用产品安全标志办公室要严格贯彻执行有关法律法规和规章制度，进一步增强责任感和为安全生产服务、为企业服务的思想,坚持公开、公平、公正的原则,严格执行规定程序,认真把关,做好矿用产品安全标志的审核、发放和日常管理工作。

八、金属与非金属矿山矿用产品安全标志管理制度自2005年9月1日起正式实施,金属与非金属矿山应优先采购已取得安全标志的矿用产品。2006年7月1日起,金属与非金属矿山采购纳入安全标志管理目录的矿用产品,必须是取得安全标志的产品。

二〇〇五年八月三日

附件:

执行安全标志管理的金属与非金属矿山矿用产品目录

一、矿用高低压电气设备

防爆电气设备;

控制装置;

变压器;

电机;

保护装置。

二、矿井排水设备

主水泵。

三、提升、运输设备

1. 提升设备及配套设备

矿用提升机、矿用绞车;

人车;

矿用钢丝绳；

提升容器；

防坠器、跑车防护装置。

2. 运输设备

轨道运输设备（含电机车、梭车、矿车、矿车及连接件）；

连续运输设备（含带式输送机、刮板输送机及偶合器）；

无轨运输设备（含地下运矿车、地下铲运机）。

四、通风、防尘装备

矿井主通风机及辅助设备；

局部通风机；

辅助通风机；

除（降）尘装置。

五、采掘及支护设备

1. 钻孔机械

电动、液动、气动钻机（车）；

井下移动式空气压缩机。

2. 支护设备

混凝土喷射机；

锚杆（索）及安装装置。

3. 综合机械化采掘设备

六、安全检测、监测、监控、通讯仪器与装备

1. 安全检测仪器、仪表

2. 矿用传感器

3. 安全、生产监测监控系统

4. 通讯设备

有（无）线通信系统及关联设备。

七、电缆、输送带等矿用非金属制品

矿用电缆；

矿用输送带；

导风筒及风筒涂覆布；

非金属管材；

难燃介质（乳化油、高含水难燃液）。

八、应急救援设备

井下灭火装置；

救灾通讯设施、设备；

自救器、呼吸器等。

尾矿库安全监督管理规定

国家安全生产监督管理总局令
第 78 号

《国家安全监管总局关于废止和修改非煤矿矿山领域九部规章的决定》已经 2015 年 3 月 23 日国家安全生产监督管理总局局长办公会议审议通过，现予公布，自 2015 年 7 月 1 日起施行。

国家安全生产监督管理总局局长
2015 年 5 月 26 日

(2011 年 5 月 4 日国家安全监管总局令第 38 号公布；根据 2015 年 5 月 26 日国家安全监管总局令第 78 号修正)

第一章 总 则

第一条 为了预防和减少尾矿库生产安全事故，保障人民群众生命和财产安全，根据《安全生产法》、《矿山安全法》等有关法律、行政法规，制定本规定。

第二条 尾矿库的建设、运行、回采、闭库及其安全管理与监督工作，适用本规定。

核工业矿山尾矿库、电厂灰渣库的安全监督管理工作，不适用本规定。

第三条 尾矿库建设、运行、回采、闭库的安全技术要求以及尾矿库等别划分标准，按照《尾矿库安全技术规程》（AQ2006—2005）执行。

第四条 尾矿库生产经营单位（以下简称生产经营单位）应当建立健全尾矿库安全生产责任制，建立健全安全生产规章制度和安全技术操作规程，对尾矿库实施有效的安全管理。

第五条 生产经营单位应当保证尾矿库具备安全生产条件所必需的资金投入，建立相应的安全管理机构或者配备相应的安全管理人员、专业技术人员。

第六条 生产经营单位主要负责人和安全管理人员应当依照有关规定经培训考核合格并取得安全资格证书。

直接从事尾矿库放矿、筑坝、巡坝、排洪和排渗设施操作的作业人员必须取得特种作业操作证书，方可上岗作业。

第七条 国家安全生产监督管理总局负责在国务院规定的职责范围内对有关尾矿库建设项目进行安全设施设计审查。

前款规定以外的其他尾矿库建设项目安全设施设计审查，由省级安全生产监督管理部门按照分级管理的原则作出规定。

第八条 鼓励生产经营单位应用尾矿库在线监测、尾矿充填、干式排尾、尾矿综合利用等先进适用技术。

一等、二等、三等尾矿库应当安装在线监测系统。

鼓励生产经营单位将尾矿回采再利用后进行回填。

第二章 尾矿库建设

第九条 尾矿库建设项目包括新建、改建、扩建以及回采、闭库的尾矿库建设工程。

尾矿库建设项目安全设施设计审查与竣工验收应当符合有关法律、行政法规的规定。

第十条 尾矿库的勘察单位应当具有矿山工程或者岩土工程类勘察资质。设计单位应当具有金属非金属矿山工程设计资质。安全评价单位应当具有尾矿库评价资质。施工单位应当具有矿山工程施工资质。施工监理单位应当具有矿山工程监理资质。

尾矿库的勘察、设计、安全评价、施工、监理等单位除符合前款规定外，还应当按照尾矿库的等别符合下列规定：

（一）一等、二等、三等尾矿库建设项目，其勘察、设计、安全评价、监理单位具有甲级资质，施工单位具有总承包一级或者特级资质；

（二）四等、五等尾矿库建设项目，其勘察、设计、安全评价、监理单位具有乙级或者乙级以上资质，施工单位具有总承包三级或者三级以上资质，或者专业承包一级、二级资质。

第十一条 尾矿库建设项目应当进行安全设施设计，对尾矿库库址及尾矿坝稳定性、尾矿库防洪能力、排洪设施和安全观测设施的可靠性进行充分论证。

第十二条 尾矿库库址应当由设计单位根据库容、坝高、库区地形条件、水文地质、气象、下游居民区和重要工业构筑物等情况，经科学论证后，合理确定。

第十三条 尾矿库建设项目应当进行安全设施设计并经安全生产监督管理部门审查批准后方可施工。无安全设施设计或者安全设施设计未经审查批准的，不得施工。

严禁未经设计并审查批准擅自加高尾矿库坝体。

第十四条 尾矿库施工应当执行有关法律、行政法规和国家标准、行业标准的规定，严格按照设计施工，确保工程质量，并做好施工记录。

生产经营单位应当建立尾矿库工程档案和日常管理档案，特别是隐蔽工程档案、安全检查档案和隐患排查治理档案，并长期保存。

第十五条 施工中需要对设计进行局部修改的，应当经原设计单位同意；对涉及尾矿库库址、等别、排洪方式、尾矿坝坝型等重大设计变更的，应当报原审批部门批准。

第十六条 尾矿库建设项目安全设施试运行应当向安全生产监督管理部门书面报告，试运行时间不得超过6个月，且尾砂排放不得超过初期坝坝顶标高。试运行结束后，建设单位应当组织安全设施竣工验收，并形成书面报告备查。

安全生产监督管理部门应当加强对建设单位验收活动和验收结果的监督核查。

第十七条 尾矿库建设项目安全设施经验收合格后，生产经营单位应当及时按照《非煤矿矿山企业安全生产许可证实施办法》的有关规定，申请尾矿库安全生产许可证。未依法取得安全生产许可证的尾矿库，不得投入生产运行。

生产经营单位在申请尾矿库安全生产许可证时，对于验收申请时已提交的符合颁证条件的文件、资料可以不再提交；安全生产监督管理部门在审核颁发安全生产许可证时，可以不再审查。

第三章　尾矿库运行

第十八条　对生产运行的尾矿库，未经技术论证和安全生产监督管理部门的批准，任何单位和个人不得对下列事项进行变更：

（一）筑坝方式；

（二）排放方式；

（三）尾矿物化特性；

（四）坝型、坝外坡坡比、最终堆积标高和最终坝轴线的位置；

（五）坝体防渗、排渗及反滤层的设置；

（六）排洪系统的型式、布置及尺寸；

（七）设计以外的尾矿、废料或者废水进库等。

第十九条　尾矿库应当每三年至少进行一次安全现状评价。安全现状评价应当符合国家标准或者行业标准的要求。

尾矿库安全现状评价工作应当有能够进行尾矿坝稳定性验算、尾矿库水文计算、构筑物计算的专业技术人员参加。

上游式尾矿坝堆积至二分之一至三分之二最终设计坝高时，应当对坝体进行一次全面勘察，并进行稳定性专项评价。

第二十条　尾矿库经安全现状评价或者专家论证被确定为危库、险库和病库的，生产经营单位应当分别采取下列措施：

（一）确定为危库的，应当立即停产，进行抢险，并向尾矿库所在地县级人民政府、安全生产监督管理部门和上级主管单位报告；

（二）确定为险库的，应当立即停产，在限定的时间内消除险情，并向尾矿库所在地县级人民政府、安全生产监督管理部门和上级主管单位报告；

（三）确定为病库的，应当在限定的时间内按照正常库标准进行整治，消除事故隐患。

第二十一条 生产经营单位应当建立健全防汛责任制，实施24小时监测监控和值班值守，并针对可能发生的垮坝、漫顶、排洪设施损毁等生产安全事故和影响尾矿库运行的洪水、泥石流、山体滑坡、地震等重大险情制定并及时修订应急救援预案，配备必要的应急救援器材、设备，放置在便于应急时使用的地方。

应急预案应当按照规定报相应的安全生产监督管理部门备案，并每年至少进行一次演练。

第二十二条 生产经营单位应当编制尾矿库年度、季度作业计划，严格按照作业计划生产运行，做好记录并长期保存。

第二十三条 生产经营单位应当建立尾矿库事故隐患排查治理制度，按照本规定和《尾矿库安全技术规程》的规定，及时发现并消除事故隐患。事故隐患排查治理情况应当如实记录，建立隐患排查治理档案，并向从业人员通报。

第二十四条 尾矿库出现下列重大险情之一的，生产经营单位应当按照安全监管权限和职责立即报告当地县级安全生产监督管理部门和人民政府，并启动应急预案，进行抢险：

（一）坝体出现严重的管涌、流土等现象的；

（二）坝体出现严重裂缝、坍塌和滑动迹象的；

（三）库内水位超过限制的最高洪水位的；

（四）在用排水井倒塌或者排水管（洞）坍塌堵塞的；

（五）其他危及尾矿库安全的重大险情。

第二十五条　尾矿库发生坝体坍塌、洪水漫顶等事故时，生产经营单位应当立即启动应急预案，进行抢险，防止事故扩大，避免和减少人员伤亡及财产损失，并立即报告当地县级安全生产监督管理部门和人民政府。

第二十六条　未经生产经营单位进行技术论证并同意，以及尾矿库建设项目安全设施设计原审批部门批准，任何单位和个人不得在库区从事爆破、采砂、地下采矿等危害尾矿库安全的作业。

第四章　尾矿库回采和闭库

第二十七条　尾矿回采再利用工程应当进行回采勘察、安全预评价和回采设计，回采设计应当包括安全设施设计，并编制安全专篇。

回采安全设施设计应当报安全生产监督管理部门审查批准。

生产经营单位应当按照回采设计实施尾矿回采，并在尾矿回采期间进行日常安全管理和检查，防止尾矿回采作业对尾矿坝安全造成影响。

尾矿全部回采后不再进行排尾作业的，生产经营单位应当及时报安全生产监督管理部门履行尾矿库注销手续。具体办法由省级安全生产监督管理部门制定。

第二十八条　尾矿库运行到设计最终标高或者不再进行排尾作业的，应当在一年内完成闭库。特殊情况不能按期完成闭库的,应当报经相应的安全生产监督管理部门同意后方可延期,但延长期限不得超过 6 个月。

库容小于 10 万立方米且总坝高低于 10 米的小型尾矿库闭库程序,由省级安全生产监督管理部门根据本地实际制定。

第二十九条 尾矿库运行到设计最终标高的前 12 个月内,生产经营单位应当进行闭库前的安全现状评价和闭库设计,闭库设计应当包括安全设施设计。

闭库安全设施设计应当经有关安全生产监督管理部门审查批准。

第三十条 尾矿库闭库工程安全设施验收,应当具备下列条件:

(一) 尾矿库已停止使用;

(二) 尾矿库闭库工程安全设施设计已经有关安全生产监督管理部门审查批准;

(三) 有完备的闭库工程安全设施施工记录、竣工报告、竣工图和施工监理报告等;

(四) 法律、行政法规和国家标准、行业标准规定的其他条件。

第三十一条 尾矿库闭库工程安全设施验收应当审查下列内容及资料:

(一) 尾矿库库址所在行政区域位置、占地面积及尾矿库下游村庄、居民等情况;

(二) 尾矿库建设和运行时间以及在建设和运行中曾经出现过的重大问题及其处理措施;

(三) 尾矿库主要技术参数,包括初期坝结构、筑坝材料、堆坝方式、坝高、总库容、尾矿坝外坡坡比、尾矿粒度、尾矿堆积量、防洪排水型式等；

（四）闭库工程安全设施设计及审批文件；

（五）闭库工程安全设施设计的主要工程措施和闭库工程施工概况；

（六）闭库工程安全验收评价报告；

（七）闭库工程安全设施竣工报告及竣工图；

（八）施工监理报告；

（九）其他相关资料。

第三十二条　尾矿库闭库工作及闭库后的安全管理由原生产经营单位负责。对解散或者关闭破产的生产经营单位，其已关闭或者废弃的尾矿库的管理工作，由生产经营单位出资人或其上级主管单位负责；无上级主管单位或者出资人不明确的，由安全生产监督管理部门提请县级以上人民政府指定管理单位。

第五章　监督管理

第三十三条　安全生产监督管理部门应当严格按照有关法律、行政法规、国家标准、行业标准以及本规定要求和"分级属地"的原则，进行尾矿库建设项目安全设施设计审查；不符合规定条件的，不得批准。审查不得收取费用。

第三十四条　安全生产监督管理部门应当建立本行政区域内尾矿库安全生产监督检查档案，记录监督检查结果、生产安全事故及违法行为查处等情况。

第三十五条　安全生产监督管理部门应当加强对尾矿库生产经营单位安全生产的监督检查，对检查中发现的事故隐患和违法违规生产行为，依法作出处理。

第三十六条 安全生产监督管理部门应当建立尾矿库安全生产举报制度，公开举报电话、信箱或者电子邮件地址，受理有关举报；对受理的举报，应当认真调查核实；经查证属实的，应当依法作出处理。

第三十七条 安全生产监督管理部门应当加强本行政区域内生产经营单位应急预案的备案管理，并将尾矿库事故应急救援纳入地方各级人民政府应急救援体系。

第六章 法律责任

第三十八条 安全生产监督管理部门的工作人员，未依法履行尾矿库安全监督管理职责的，依照有关规定给予行政处分。

第三十九条 生产经营单位或者尾矿库管理单位违反本规定第八条第二款、第十九条、第二十条、第二十一条、第二十二条、第二十四条、第二十六条、第二十九条第一款规定的，给予警告，并处1万元以上3万元以下的罚款；对主管人员和直接责任人员由其所在单位或者上级主管单位给予行政处分；构成犯罪的，依法追究刑事责任。

生产经营单位或者尾矿库管理单位违反本规定第二十三条规定的，依照《安全生产法》实施处罚。

第四十条 生产经营单位或者尾矿库管理单位违反本规定第十八条规定的，给予警告，并处3万元的罚款；情节严重的，依法责令停产整顿或者提请县级以上地方人民政府按照规定权限予以关闭。

第四十一条 生产经营单位违反本规定第二十八条第一款规定不主动实施闭库的，给予警告，并处3万元的罚款。

第四十二条　本规定规定的行政处罚由安全生产监督管理部门决定。

　　法律、行政法规对行政处罚决定机关和处罚种类、幅度另有规定的，依照其规定。

第七章　附　则

　　第四十三条　本规定自 2011 年 7 月 1 日起施行。国家安全生产监督管理总局 2006 年公布的《尾矿库安全监督管理规定》（国家安全生产监督管理总局令第 6 号）同时废止。

附 录

关于进一步加强尾矿库监督
管理工作的指导意见

安监总管一〔2012〕32号

各省、自治区、直辖市及新疆生产建设兵团安全生产监督管理局、发展改革委、工业和信息化主管部门、国土资源厅（局）、环境保护厅（局）：

  为深入贯彻《国务院关于进一步加强企业安全生产工作的通知》（国发〔2010〕23号，以下简称《通知》）和《国务院关于坚持科学发展安全发展促进安全生产形势持续稳定好转的意见》（国发〔2011〕40号，以下简称《意见》）精神，切实落实尾矿库管理的企业主体责任，进一步提高尾矿库监督管理工作的科学化、规范化水平，有效防范和遏制生产安全事故和次生突发环境事件的发生，根据《安全生产法》、《矿山安全法》、《环境保护法》、《矿产资源法》、《土地管理法》、《国务院关于投资体制改革的决定》（国发〔2004〕20号）、《土地复垦条例》（国务院令第592号）等法律法规和文件规定，提出以下指导意见：

一、进一步增强新形势下做好尾矿库监督管理工作的责任感和紧迫感

（一）加强尾矿库监督管理是坚持科学发展、安全发展的必然要求

尾矿库是维持矿山企业正常生产的必要设施，对我国国民经济及矿业经济持续健康发展发挥着重要基础作用。尾矿库也是重大危险源之一，一旦发生事故，必然对人民的生命财产安全造成严重损害，对环境构成严重威胁。深入贯彻落实科学发展观，必须坚持以人民的生命财产安全为根本，加快推进节约发展、清洁发展、安全发展，切实落实企业对尾矿库管理的主体责任，大力加强尾矿库监督管理工作，进一步构建尾矿库监督管理工作的长效机制。

（二）加强尾矿库监督管理是构建和谐社会的内在要求

随着我国经济社会的快速发展，矿产品生产及需求日趋旺盛，尾矿库安全、环保压力不断加大，人民群众对尾矿库安全、环保工作日益关注，对尾矿库监督管理工作提出了新要求和新期待，尾矿库运行安全已经成为影响一些地区社会安全稳定的重要因素之一。各地区、各有关部门要站在构建社会主义和谐社会的高度，充分认识加强尾矿库监督管理工作的重要性，进一步构筑科学发展、安全、环保的工作体系，有效防范和遏制尾矿库生产安全事故和次生突发环境事件的发生，为和谐社会建设提供有效保障。

（三）加强尾矿库监督管理是促进尾矿库安全环保形势根本好转的迫切要求

近年来，为遏制尾矿库生产安全事故和次生突发环境事件的发生，各地区、各有关部门按照党中央、国务院要求，采取了一系列强有力措施，尾矿库安全、环保工作得到了明显改进

和加强，尾矿库建设发展水平有了较大提升。但是，尾矿库安全生产形势依然严峻，次生突发环境事件仍然时有发生，特别是近年来全球气候异常，我国极端天气状况频频出现，对尾矿库安全运行构成严重威胁，加之我国尾矿库数量庞大，存在建设标准偏低、企业主体责任落实不到位、监管力量薄弱等问题，迫切要求进一步加强尾矿库监督管理工作，全面落实尾矿库监督管理各项规章、标准、制度和措施，努力促进尾矿库安全、环保形势明显好转乃至根本好转。

二、总体要求和目标任务

（一）总体要求

深入贯彻落实科学发展观，坚持"安全第一、预防为主、综合治理"的方针，牢固树立以人为本、节约发展、清洁发展、安全发展、可持续发展的科学理念，全面贯彻落实国务院《通知》、《意见》和有关法律法规、文件规定，以推动尾矿库企业科学发展，有效防范和遏制生产安全事故和次生突发环境事件发生、构建尾矿库监督管理工作长效机制为目标，进一步明确职责，强化措施，严把尾矿库安全、环保准入关，切实加强尾矿库日常管理、监督、隐患排查治理，以及尾矿综合利用等各项工作，积极采用先进科技手段，提高尾矿库本质安全水平，努力实现全国尾矿库安全、环保状况持续稳定好转。

（二）目标任务

进一步强化落实监督管理职责，扎实推进尾矿库专项整治行动，依法严厉打击或取缔关闭非法生产和不具备安全生产条件、严重污染环境的尾矿库，建立完善尾矿库隐患排查治理长效机制，及时治理危库、险库，将病库数量控制在已取证尾矿库总量的5%以内，杜绝出现新的无主管单位的尾矿库。全面推进尾矿库安全生产标准化建设，2013年底前，生产运行尾矿库全部达到安全生产标准化三级以上（含三级）。加快建设尾矿库管理国家级平台，实现对尾矿库的动态管理，建立尾矿库"天地一体化"监控体系。大力推进尾矿库先进适用技术的应用及研发，积极引导各地区和尾矿库企业应用在线监测、尾矿充填和干式排尾等先进适用技术，到2013年底三等及三等以上在用尾矿库在线监测率达到100%。加快尾矿综合利用，加强政策引导和资金支持，积极推进尾矿综合利用项目的实施。

三、加强监管、严格准入，全面提升尾矿库监督管理工作科学化水平

（一）持续深化尾矿库专项整治行动

各有关部门要切实加强对尾矿库专项整治行动的组织领导，健全完善尾矿库监督管理体制机制，坚决依法严厉打击或取缔关闭非法生产和不具备安全生产条件、严重污染环境的尾矿库，加大对无主管单位尾矿库的整治力度，及时治理危、险库。要进一步督促尾矿库企业切实落实尾矿库管理主体责任，健全完善尾矿库安全、环保管理制度，加强技术和现场管理，排查消除尾矿库重大隐患，有效监控运行情况。同时，要维护尾矿库企业的合法生产经营秩序，严厉打击偷盗破坏尾矿库安全监测设施、环保设施和应急救援物资的行为。

（二）严格尾矿库建设项目行政许可工作

严把安全、环保准入关，严格控制新建尾矿库、独立选矿厂建设项目，尤其是库容小于100万立方米、服务年限少于5年的尾矿库建设项目。严格审查尾矿库建设用地条件，不符合土地利用总体规划的，一律不予办理建设用地手续，并依法取缔关闭无证占地非法生产的企业。2011年3月5日《土地复垦条

例》实施前已经办理建设用地手续，目前继续使用的尾矿库，造成土地毁损的，土地复垦义务人应当按照规定补充编制土地复垦方案。新建尾矿库的土地复垦义务人应当在办理建设用地申请或相关手续时，随有关报批材料报送土地复垦方案。同时，土地复垦义务人应当将土地复垦费用列入生产成本或建设项目总投资。新建尾矿库必须严格执行环境影响评价制度，并按照环评审批要求修建配套的污染防治设施，未经审批许可不得擅自开工建设，未经环保验收不得投入运行或使用。严格安全许可制度，新建金属非金属地下矿山必须对能否采用充填采矿法进行论证并优先推行充填采矿法，新建四、五等尾矿库应当优先采用一次性筑坝方式；对于达不到安全生产条件的，一律不予颁发安全生产许可证。在已建成尾矿库的上游、下游建设生产、生活设施的建设项目，应当经过当地政府相关部门审查同意，未履行相关手续的，由政府组织拆除违规建设的设施。

（三）严格落实安全、环保设施"三同时"审查制度

各有关部门要对新建、改建、扩建尾矿库执行严格的环评准入和安全、环保设施"三同时"制度，严格执行技术规范，加强源头治理。对未执行尾矿库建设项目环境影响评价制度和环保设施"三同时"制度，以及自2005年2月以后未执行尾矿库建设项目安全设施"三同时"制度的，要责令其限期补办相关手续，并依法进行处罚。对达不到安全环保要求的尾矿库，要责令其限期整改和治理，经整改和治理仍达不到要求的，要依法予以关闭停用。

（四）加强对尾矿库企业的日常监督检查和隐患排查治理的督促指导

要进一步加强对尾矿库企业的监督管理，督促检查有关地

区及企业严格执行尾矿库相关法律、法规和标准，建立完善尾矿库基本情况数据库。要督促尾矿库企业开展隐患排查，采取联合执法等有效方式对企业排查隐患情况进行督查。要加强对尾矿库排污申报的登记管理，对污染环境的尾矿库责令停止使用、限期治理，或提请当地县级以上人民政府依法实施关闭。对发生尾矿库生产安全事故和环境污染事件的企业，要依法进行严肃查处。要加强对尾矿库中介服务机构的监督管理，发现存在弄虚作假、服务质量问题的中介服务机构，要依法进行查处，对情节严重的要吊销相关证照。要督促尾矿库企业编制完善事故应急预案和评审备案，并定期组织演练。

（五）实施清洁生产，大力推进尾矿综合利用工作

要加大政策支持引导力度，鼓励引导相关企业实施清洁生产，开发应用资源利用率高、污染产生量少的选矿工艺技术，有效减少含有毒有害物尾矿及污染物的排放。要按照《国家发展改革委关于印发"十二五"资源综合利用指导意见和大宗固体废物综合利用方案的通知》（发改环资〔2011〕2919号）、《金属尾矿综合利用专项规划（2010-2015年）》（工信部联〔2010〕174号）、《关于印发〈大宗工业固体废物综合利用〉"十二五"规划的通知》（工信部规〔2011〕600号）要求，积极开展尾矿综合利用，加快尾矿综合利用示范基地建设，重点扶持和培育一批尾矿综合利用骨干企业，实现尾矿变废为宝，有效缓解尾矿堆存所带来的环境污染和安全隐患。要切实加强对尾矿综合利用的监督管理，督促尾矿库企业严格按照设计进行尾矿回采，并加强尾矿回采期间日常安全管理和检查，严防对尾矿坝安全和周边环境造成影响。要进一步做好尾矿资源调查，建立尾矿资源综合利用信息网络平台，开展尾矿综合利用

技术研究,研究制定尾矿综合利用专项扶持政策。要尽快启动并全面实施尾矿综合利用示范项目。

(六)大力推进尾矿库先进适用技术的应用及研发

要积极引导各地区和尾矿库企业应用在线监测、尾矿充填和干式排尾等先进适用技术,力争在 2013 年底前,三等以上(含三等)及有关重点在用尾矿库全部实现在线监测,逐步建立"天地一体化"监控体系。要积极推动各地区和尾矿库企业加大科技投入,进一步改善尾矿库建设和生产的工艺、技术、装备、设施,鼓励采用一次性筑坝方式建设尾矿库。要进一步重视尾矿库安全、环保科研工作,针对极端气候条件和尾矿库安全、环保面临的现实难题,加大自主研发创新工作力度,不断提高尾矿库安全环境科技保障水平。

(七)严格闭库程序和闭库尾矿库的监督管理

各地区和各有关部门要督促尾矿库企业严格履行尾矿库闭库手续,落实闭库后的管理责任,严把闭库工程安全、环保设施设计审查和竣工验收关。对解散或者关闭破产的生产经营单位已关闭或者停用尾矿库,其管理工作由生产经营单位出资人或其上级主管单位负责;无上级主管单位或者出资人不明确的,由县级以上人民政府指定管理单位。尾矿库运行到设计最终标高或者不再进行排尾作业的,应当在一年内完成闭库。凡不对停用尾矿库进行闭库治理的尾矿库企业,应按照《土地复垦条例》第十八条规定缴纳土地复垦费,有关部门不得为其办理新增项目的核准备案,不得批准环保和安全手续。尾矿库闭库后,土地复垦义务人应严格按照土地复垦方案要求完成土地复垦义务,并及时向项目所在地国土资源部门申请验收。国土资源部门要监督用地单位及时将土地复垦为耕地、林地或园地等农用地，交还给原农村集体经济组织使用。同时，要加强对已闭库尾矿库地质灾害防治管理工作的监督管理。

四、全面落实企业尾矿库管理主体责任，夯实尾矿库建设、安全、环保基础

（一）依法合规建设，严格履行安全、环保设施"三同时"手续

尾矿库企业要依法履行土地使用、地质灾害危险性评估备案、环境影响评价和安全、环保设施"三同时"审批等相关手续，依法取得相关证照后方可生产运行。尾矿库闭库时，应按照国家有关规定履行闭库设计、闭库评价、竣工验收等审批手续，承担复垦义务。闭库后进行尾矿回采综合利用的，应依法履行相关程序和审批手续。

（二）建立完善规章制度，加强现场管理，确保尾矿库运行安全

要进一步落实尾矿库企业主体责任，把尾矿库作为一个独立、特殊的生产系统进行运行管理，提高管理层级，健全完善严格的建设、生产、安全、环保规章制度，认真落实汛期或极端天气下企业领导值班值守制度。要自觉开展有针对性的教育培训，强化岗位作业人员技能培训，企业主要负责人、安全管理人员和特种作业人员必须经培训合格，取得资格证书后方可任职或上岗作业。要严格按照设计要求进行作业，确保尾矿库干滩长度、安全超高、排水构筑物过流能力等重要指标符合设计要求，尾矿库回水、尾砂处理等符合环保要求。要加强尾矿库技术管理，每座尾矿库应至少配备一名熟悉尾矿库业务的安全技术管理人员。要建立完善并严格执行尾矿库隐患排查治理制度，切实做到整改措施、责任、资金、时限和预案"五到

位"。要建立尾矿库安全、环保管理档案、工程技术档案、隐患排查治理档案和年度、季度作业计划,并妥善保存。

(三)加大科技投入,推广应用先进适用技术,大力开展安全生产标准化建设

尾矿库企业要进一步加大科研投入力度,积极应用尾矿库在线监测、尾矿充填、干式排尾和综合利用等先进适用技术,采用《中国资源综合利用技术政策大纲》(国家发展改革委公告2010年第14号)和《金属尾矿综合利用先进适用技术目录》(工联节〔2011〕第139号)中的综合利用先进适用技术,按期完成在线监测等建设任务。要深入开展以岗位达标、专业达标和企业达标为内容的安全生产标准化建设,设定具体目标,采取有针对性的措施,按照依规设计、依法建设、依标管理的要求,逐步建立自我约束、自我完善、持续改进的工作机制,最大限度地消除作业过程中可能产生的事故(事件)隐患。在2013年底前,已取得安全生产许可证的尾矿库必须达到安全生产标准化三级以上(含三级)。

五、突出预防为主、强化综合治理,提升尾矿库监督管理和应急保障能力

(一)突出预防为主,强化尾矿库隐患综合治理

要进一步建立完善尾矿库隐患排查治理长效机制,落实重大隐患逐级挂牌督办制度,努力实现隐患排查治理的常态化、制度化、规范化。要严格按照《尾矿库隐患综合治理方案》的要求,重点整治危、险、病库,有效减少危、险、病库数量。要组织好中央预算内投资和中央财政支持无主尾矿库隐患治理及闭库项目的审核和实施工作,加强监督检查,严把项目竣工验收关,确保治理效果,并结合实际,研究制定深化整治行动

的政策措施和方案。要督促各地区组织专家队伍或有资质的中介机构，对等别不清、安全度不明的尾矿库进行全面彻底的鉴定，为实施科学监管、科学治理提供依据。

（二）强化监督管理能力建设，不断提升尾矿库科学监管水平

要建立完善覆盖全面、监管到位、监督有力的政府监管体系，进一步加强对各级尾矿库监管人员法律法规和业务知识的培训，教育引导各级监管人员严格履行执法程序，依法行政，强化行政执法监督，不断提高监管执法水平。要进一步加强尾矿库监管装备建设，提高监管技术装备水平，强化基层站点监管能力，重点加强对企业安全、环保的现场监管和技术指导服务。要加大责任追究力度，对违规审批、疏于监管、工作不力导致发生事故的单位、尾矿库企业和有关人员，要依照有关规定，严肃追究责任。

（三）切实加强尾矿库应急救援工作，有效提升应急处置能力

各有关部门和尾矿库企业要充分认识极端气候对尾矿库安全、环保威胁的严重性，切实强化尾矿库应急预案的修订、备案、审查和演练工作，特别是进一步完善地方、企业应急管理和协调机制。要强化应急保障，配备必要的应急救援器材、设备和物资。要加强应急值班值守和检查巡查，特别要加强停用库的值班值守和检查巡查，实施责任到人和专盯制度，畅通信息，保证及时发现险情、及时处理、及时上报。尾矿库出现重大险情时，要及时启动应急预案，开展应急抢险救援，最大限度地减少财产损失、环境损害和社会影响。要按照《安全生产"十二五"规划》（国办发〔2011〕47号）和《国家环境保护

"十二五"规划》(国发〔2011〕42号)的总体要求和部署,以应急全过程管理为主线,加强尾矿库应急能力建设和流域防控工程建设,力争"十二五"期间尾矿库应急管理水平有较大提升,有效遏制各类尾矿库生产安全事故和次生突发环境事件的发生。

六、紧密配合,建立完善尾矿库监督管理长效机制

(一)建立完善联合执法工作机制

各地区要进一步完善政府统一领导,安全监管、环境保护等相关部门密切配合和共同参与的尾矿库安全、环保联合执法工作机制,加大协调力度,加强联合执法、信息通报和资源共享,实施综合治理。对未取得尾矿库安全生产许可证或者尾矿库安全生产许可证被撤销、注销、吊销的采选矿企业,不得为其尾矿库生产提供用水、用电。推动建立尾矿库应急救援联动机制,督促尾矿库主管单位与周边居民、工厂、市场、学校及其他重要设施单位建立联防联动机制,进一步提升尾矿库安全、环保应急响应水平。

(二)加强宣传教育,不断提高公众安全、环保意识

各地区和各有关部门要广泛开展有关尾矿库生产安全、环境安全隐患危害的教育,增强公众对人身安全和身体健康的保护意识。要建立完善尾矿库安全、环保社会监督机制,加大舆论监督、公众监督力度,鼓励公众积极参与尾矿库监督和隐患治理工作。要大力宣传有关法律法规知识,普及尾矿库安全、环保基本知识,提高尾矿库监管人员、企业业主、从业人员和公众的法制意识,增强其防范应对尾矿库安全、环保问题的能力。

(三)加强政策研究,解决突出问题

要针对我国目前尾矿库数量多、规模小的问题,进一步研

究制定尾矿库建设规划和整合政策，控制五等尾矿库建设，探索建设独立的尾矿库企业，专门从事尾矿库的经营管理，实现尾矿的集中排放、统一管理，有效减少土地占用，提高专业化管理水平。针对尾矿库监督管理方面有关法规、规程和标准相对滞后，尤其是极端气候条件对尾矿库安全、环保构成严重威胁等问题，抓紧研究制定《尾矿库回采安全规程》、《尾矿库干式排尾安全规程》、《尾矿库环境风险评价技术方法》以及磷石膏等工业废渣堆存标准等法规、规程和标准。针对尾矿库下游居民搬迁问题，相关部门要积极研究制定相关政策措施。针对当前存在的尾矿库闭库难的问题，积极探索建立尾矿库闭库保证金提取制度，以排尾量为基数，在尾矿库生产运行过程中逐年按一定比例提留，并确保专账专款专用。针对我国尾矿库工程建设质量监督方面存在的问题，积极探索建立第三方检验机构，负责尾矿库建设工程的质量检测检验。

请各地区根据本意见的要求，结合本地区尾矿库监督管理工作的实际，进一步加强组织领导，把加强尾矿库监督管理工作切实摆上重要议事日程，在不断总结经验、剖析问题的基础上，强化对策措施，落实工作责任，加强监督检查，督促和指导尾矿库企业切实落实安全、环保主体责任，建立长效机制，扎实推动尾矿库专项整治行动和监督管理工作取得实效，努力实现尾矿库安全、环保状况持续稳定好转。

国家安全监管总局
国家发展改革委　工业和信息化部
国土资源部　环境保护部
二〇一二年三月十二日

全国普法学习读本

安全生产行业法律法规学习读本

安全生产特殊行业法律法规

王金锋 主编

> 加大全民普法力度，建设社会主义法治文化，树立宪法法律至上、法律面前人人平等的法治理念。
> ——中国共产党第十九次全国代表大会《决胜全面建成小康社会 夺取新时代中国特色社会主义伟大胜利》

汕头大学出版社

图书在版编目（CIP）数据

安全生产特殊行业法律法规／王金锋主编.--汕头：汕头大学出版社，2023.4（重印）

（安全生产行业法律法规学习读本）

ISBN 978-7-5658-2954-3

Ⅰ.①安… Ⅱ.①王… Ⅲ.①安全生产-安全法规-中国-学习参考资料 Ⅳ.①D922.544

中国版本图书馆 CIP 数据核字（2018）第 035221 号

安全生产特殊行业法律法规 ANQUAN SHENGCHAN TESHU HANGYE FALÜ FAGUI

主　　编：	王金锋
责任编辑：	邹　峰
责任技编：	黄东生
封面设计：	大华文苑
出版发行：	汕头大学出版社
	广东省汕头市大学路 243 号汕头大学校园内　邮政编码：515063
电　　话：	0754-82904613
印　　刷：	三河市元兴印务有限公司
开　　本：	690mm×960mm 1/16
印　　张：	18
字　　数：	226 千字
版　　次：	2018 年 5 月第 1 版
印　　次：	2023 年 4 月第 2 次印刷
定　　价：	59.60 元（全 2 册）

ISBN 978-7-5658-2954-3

版权所有，翻版必究

如发现印装质量问题，请与承印厂联系退换

前　言

　　习近平总书记指出："推进全民守法，必须着力增强全民法治观念。要坚持把全民普法和守法作为依法治国的长期基础性工作，采取有力措施加强法制宣传教育。要坚持法治教育从娃娃抓起，把法治教育纳入国民教育体系和精神文明创建内容，由易到难、循序渐进不断增强青少年的规则意识。要健全公民和组织守法信用记录，完善守法诚信褒奖机制和违法失信行为惩戒机制，形成守法光荣、违法可耻的社会氛围，使遵法守法成为全体人民共同追求和自觉行动。"

　　中共中央、国务院曾经转发了中央宣传部、司法部关于在公民中开展法治宣传教育的规划，并发出通知，要求各地区各部门结合实际认真贯彻执行。通知指出，全民普法和守法是依法治国的长期基础性工作。深入开展法治宣传教育，是全面建成小康社会和新农村的重要保障。

　　普法规划指出：各地区各部门要根据实际需要，从不同群体的特点出发，因地制宜开展有特色的法治宣传教育坚持集中法治宣传教育与经常性法治宣传教育相结合，深化法律进机关、进乡村、进社区、进学校、进企业、进单位的"法律六进"主题活动，完善工作标准，建立长效机制。

　　特别是农业、农村和农民问题，始终是关系党和人民事业发展的全局性和根本性问题。党中央、国务院发布的《关于推进社会主义新农村建设的若干意见》中明确提出要"加强农村法制建设，深入开展农村普法教育，增强农民的法制观念，提高农民依法行使权利和履行义务的自觉性。"多年普法实践证明，普及法律知识，提高法制观念，增强全社会依法办事意识具有重要作用。特别是在广大农村进行普法教育，是提高全民法律素质的需要。

多年来，我国在农村实行的改革开放取得了极大成功，农村发生了翻天覆地的变化，广大农民生活水平大大得到了提高。但是，由于历史和社会等原因，现阶段我国一些地区农民文化素质还不高，不学法、不懂法、不守法现象虽然较原来有所改变，但仍有相当一部分群众的法制观念仍很淡化，不懂、不愿借助法律来保护自身权益，这就极易受到不法的侵害，或极易进行违法犯罪活动，严重阻碍了全面建成小康社会和新农村步伐。

为此，根据党和政府的指示精神以及普法规划，特别是根据广大农村农民的现状，在有关部门和专家的指导下，特别编辑了这套《全国普法学习读本》。主要包括了广大人民群众应知应懂、实际实用的法律法规。为了辅导学习，附录还收入了相应法律法规的条例准则、实施细则、解读解答、案例分析等；同时为了突出法律法规的实际实用特点，兼顾地方性和特殊性，附录还收入了部分某些地方性法律法规以及非法律法规的政策文件、管理制度、应用表格等内容，拓展了本书的知识范围，使法律法规更"接地气"，便于读者学习掌握和实际应用。

在众多法律法规中，我们通过甄别，淘汰了废止的，精选了最新的、权威的和全面的。但有部分法律法规有些条款不适应当下情况了，却没有颁布新的，我们又不能擅自改动，只得保留原有条款，但附录却有相应的补充修改意见或通知等。众多法律法规根据不同内容和受众特点，经过归类组合，优化配套。整套普法读本非常全面系统，具有很强的学习性、实用性和指导性，非常适合用于广大农村和城乡普法学习教育与实践指导。总之，是全国全民普法的良好读本。

目　录

食品生产企业安全生产监督管理暂行规定

第一章　总　则 …………………………………………… (1)
第二章　安全生产的基本要求 …………………………… (2)
第三章　作业过程的安全管理 …………………………… (4)
第四章　监督管理 ………………………………………… (5)
第五章　法律责任 ………………………………………… (6)
第六章　附　则 …………………………………………… (7)
附　录
　　食品生产许可管理办法 ……………………………… (8)

危险化学品生产企业安全生产许可证实施办法

第一章　总　则 …………………………………………… (21)
第二章　申请安全生产许可证的条件 …………………… (23)
第三章　安全生产许可证的申请 ………………………… (26)
第四章　安全生产许可证的颁发 ………………………… (27)
第五章　监督管理 ………………………………………… (30)
第六章　法律责任 ………………………………………… (31)
第七章　附　则 …………………………………………… (33)
附　录
　　国家安全监管总局关于进一步严格危险化学品和化工企业
　　安全生产监督管理的通知 …………………………… (35)

民用爆炸物品企业安全生产标准化管理通则

第一章　总　则 …………………………………………… (39)

— 1 —

第二章	安全管理机构基本要求	(39)
第三章	管理制度基本要求	(40)
第四章	区域管理基本要求	(40)
第五章	作业现场管理基本要求	(41)
第六章	工艺技术及设备管理基本要求	(42)
第七章	风险管控基本要求	(42)
第八章	岗位培训基本要求	(43)
附 则		(43)

中华人民共和国特种设备安全法

第一章	总 则	(44)
第二章	生产、经营、使用	(46)
第三章	检验、检测	(52)
第四章	监督管理	(54)
第五章	事故应急救援与调查处理	(56)
第六章	法律责任	(58)
第七章	附 则	(64)

附录

　　特种设备事故报告和调查处理规定 …… (66)

煤矿企业安全生产许可证实施办法

第一章	总 则	(77)
第二章	安全生产条件	(78)
第三章	安全生产许可证的申请和颁发	(82)
第四章	安全生产许可证的监督管理	(86)
第五章	罚 则	(87)
第六章	附 则	(89)

附录

　　关于减少井下作业人数提升煤矿安全保障能力的指导意见 … (90)

煤矿重大生产安全事故隐患判定标准 …………………… (97)

非煤矿矿山企业安全生产许可证实施办法

第一章　总　　则……………………………………… (104)
第二章　安全生产条件和申请………………………… (106)
第三章　受理、审核和颁发…………………………… (108)
第四章　安全生产许可证延期和变更………………… (110)
第五章　安全生产许可证的监督管理………………… (112)
第六章　罚　　则……………………………………… (114)
第七章　附　　则……………………………………… (116)
附　录
　非煤矿山外包工程安全管理暂行办法………………… (117)
　国家安全监管总局关于严防十类非煤矿山
　　生产安全事故的通知………………………………… (128)

食品生产企业安全生产
监督管理暂行规定

国家安全生产监督管理总局令

第 66 号

《食品生产企业安全生产监督管理暂行规定》已经 2013 年 10 月 14 日国家安全生产监督管理总局局长办公会议审议通过,现予公布,自 2014 年 3 月 1 日起施行。

国家安全生产监督管理总局局长
2014 年 1 月 3 日

第一章 总 则

第一条 为加强食品生产企业的安全生产工作,预防和减少生产安全事故,保障从业人员的生命和财产安全,根据《中华人民共和国安全生产法》等有关法律、行政法规,制定本规定。

第二条 食品生产企业的安全生产及其监督管理,适用本规定。农副产品从种植养殖环节进入批发、零售市场或者生产加工企业前的安全生产及其监督管理,不适用本规定。

本规定所称食品生产企业,是指以农业、渔业、畜牧业、林业或者化学工业的产品、半成品为原料,通过工业化加工、制作,为

— 1 —

人们提供食用或者饮用的物品的企业。

第三条 国家安全生产监督管理总局对全国食品生产企业的安全生产工作实施监督管理。

县级以上地方人民政府安全生产监督管理部门和有关部门（以下统称负责食品生产企业安全生产监管的部门）根据本级人民政府规定的职责，按照属地监管、分级负责的原则，对本行政区域内食品生产企业的安全生产工作实施监督管理。

食品生产企业的工程建设安全、消防安全和特种设备安全，依照法律、行政法规的规定由县级以上地方人民政府相关部门负责专项监督管理。

第四条 食品生产企业是安全生产的责任主体，其主要负责人对本企业的安全生产工作全面负责，分管安全生产工作的负责人和其他负责人对其职责范围内的安全生产工作负责。

集团公司对其所属或者控股的食品生产企业的安全生产工作负主管责任。

第二章 安全生产的基本要求

第五条 食品生产企业应当严格遵守有关安全生产法律、行政法规和国家标准、行业标准的规定，建立健全安全生产责任制、安全生产规章制度和安全操作规程。

第六条 从业人员超过300人的食品生产企业，应当设置安全生产管理机构，配备3名以上专职安全生产管理人员，并至少配备1名注册安全工程师。

前款规定以外的其他食品生产企业，应当配备注册安全工程师、专职或者兼职安全生产管理人员，或者委托安全生产中介机构提供安全生产服务。

第七条 食品生产企业应当支持安全生产管理机构和专职安全生产管理人员履行管理职责，并保证其开展工作所必须的条件。

大型食品生产企业安全生产管理机构主要负责人的任免，应当同时抄告所在地县级地方人民政府负责食品生产企业安全生产监管的部门。

第八条 食品生产企业应当推进安全生产标准化建设，强化安全生产基础，做到安全管理标准化、设施设备标准化、作业现场标准化和作业行为标准化，并持续改进，不断提高企业本质安全水平。

第九条 食品生产企业新建、改建和扩建建设项目（以下统称建设项目）的安全设施，必须与主体工程同时设计、同时施工、同时投入生产和使用。建设项目投入生产和使用后，应当在5个工作日内报告所在地负责食品生产企业安全生产监管的部门。

第十条 食品生产企业应当委托具备国家规定资质的工程设计单位、施工单位和监理单位，对建设工程进行设计、施工和监理。

工程设计单位、施工单位和监理单位应当按照有关法律、行政法规、国家标准或者行业标准的规定进行设计、施工和监理，并对其工作成果负责。

第十一条 食品生产企业应当按照有关法律、行政法规的规定，加强工程建设、消防、特种设备的安全管理；对于需要有关部门审批和验收的事项，应当依法向有关部门提出申请；未经有关部门依法批准或者验收合格的，不得投入生产和使用。

第十二条 食品生产企业应当按照《生产安全事故隐患排查治理暂行规定》建立事故隐患排查治理制度，明确事故隐患治理的措施、责任、资金、时限和预案，及时发现并消除事故隐患。事故隐患排查治理情况应当如实记录在案，向从业人员通报，并按规定报告所在地负责食品生产企业安全生产监管的部门。

第十三条 食品生产企业的加工、制作等项目有多个承包单位、承租单位，或者存在空间交叉的，应当对承包单位、承租单位的安全生产工作进行统一协调、管理。承包单位、承租单位应当服从食品生产企业的统一管理，并对作业现场的安全生产负责。

第十四条 食品生产企业应当对新录用、季节性复工、调整工作岗位和离岗半年以上重新上岗的从业人员，进行相应的安全生产教育培训。未经安全生产教育培训合格的从业人员，不得上岗作业。

第十五条 食品生产企业应当定期组织开展危险源辨识，并将其工作场所存在和作业过程中可能产生的危险因素、防范措施和事故应急措施等如实书面告知从业人员，不得隐瞒或者欺骗。

从业人员发现直接危及人身安全的紧急情况时，有权停止作业或者在采取可能的应急措施后撤离作业场所。食品生产企业不得因此降低其工资、福利待遇或者解除劳动合同。

第三章 作业过程的安全管理

第十六条 食品生产企业的作业场所应当符合下列要求：

（一）生产设施设备，按照国家有关规定配备有温度、压力、流量、液位以及粉尘浓度、可燃和有毒气体浓度等工艺指标的超限报警装置；

（二）用电设备设施和场所，采取保护措施，并在配电设备设施上安装剩余电流动作保护装置或者其他防止触电的装置；

（三）涉及烘制、油炸等高温的设施设备和岗位，采用必要的防过热自动报警切断和隔热板、墙等保护设施；

（四）涉及淀粉等可燃性粉尘爆炸危险的场所、设施设备，采用惰化、抑爆、阻爆、泄爆等措施防止粉尘爆炸，现场安全管理措施和条件符合《粉尘防爆安全规程》（GB15577）等国家标准或者行业标准的要求；

（五）油库（罐）、燃气站、除尘器、压缩空气站、压力容器、压力管道、电缆隧道（沟）等重点防火防爆部位，采取有效、可靠的监控、监测、预警、防火、防爆、防毒等安全措施。安全附件和联锁装置不得随意拆弃和解除，声、光报警等信号不得随意切断；

（六）制冷车间符合《冷库设计规范》（GB50072）、《冷库安全规程》（GB28009）等国家标准或者行业标准的规定，设置气体浓度报警装置，且与制冷电机联锁、与事故排风机联动。在包装间、分割间等人员密集场所，严禁采用氨直接蒸发的制冷系统。

第十七条　食品生产企业涉及生产、储存和使用危险化学品的，应当严格按照《危险化学品安全管理条例》等法律、行政法规、国家标准或者行业标准的规定，根据危险化学品的种类和危险特性，在生产、储存和使用场所设置相应的监测、监控、通风、防晒、调温、防火、灭火、防爆、泄压、防毒、中和、防潮、防雷、防静电、防腐、防泄漏以及防护围堤等安全设施设备，并对安全设施设备进行经常性维护保养，保证其正常运行。

食品生产企业的中间产品为危险化学品的，应当依照有关规定取得危险化学品安全生产许可证。

第十八条　食品生产企业应当定期组织对作业场所、仓库、设备设施使用、从业人员持证、劳动防护用品配备和使用、危险源管理情况进行检查，对检查发现的问题应当立即整改；不能立即整改的，应当制定相应的防范措施和整改计划，限期整改。检查应当作好记录，并由有关人员签字。

第十九条　食品生产企业应当加强日常消防安全管理，按照有关规定配置并保持消防设施完好有效。生产作业场所应当设有标志明显、符合要求的安全出口和疏散通道，禁止封堵、锁闭生产作业场所的安全出口和疏散通道。

第二十条　食品生产企业应当使用符合安全技术规范要求的特种设备，并按照国家规定向有关部门登记，进行定期检验。

食品生产企业应当在有危险因素的场所和有关设施、设备上设置明显的安全警示标志和警示说明。

第二十一条　食品生产企业进行高处作业、吊装作业、临近高压输电线路作业、电焊气焊等动火作业，以及在污水池等有限空间内作业的，应当实行作业审批制度，安排专门人员负责现场安全管理，落实现场安全管理措施。

第四章　监督管理

第二十二条　县级以上人民政府负责食品生产企业安全生产监

管的部门及其行政执法人员应当在其职责范围内加强对食品生产企业安全生产的监督检查，对违反有关安全生产法律、行政法规、国家标准或者行业标准和本规定的违法行为，依法实施行政处罚。

第二十三条　县级以上地方人民政府负责食品生产企业安全生产监管的部门应当将食品生产企业纳入年度执法工作计划，明确检查的重点企业、关键事项、时间和标准，对检查中发现的重大事故隐患实施挂牌督办。

第二十四条　县级以上地方人民政府负责食品生产企业安全生产监管的部门接到食品生产企业报告的重大事故隐患后，应当根据需要，进行现场核查，督促食品生产企业按照治理方案排除事故隐患，防止事故发生；必要时，可以责令食品生产企业暂时停产停业或者停止使用；重大事故隐患治理后，经县级以上地方人民政府负责食品生产企业安全生产监管的部门审查同意，方可恢复生产经营和使用。

第二十五条　县级以上地方人民政府负责食品生产企业安全生产监管的部门对食品生产企业进行监督检查时，发现其存在工程建设、消防和特种设备等方面的事故隐患或者违法行为的，应当及时移送本级人民政府有关部门处理。

第五章　法律责任

第二十六条　食品生产企业有下列行为之一的，责令限期改正，可以处2万元以下的罚款：

（一）违反本规定第七条的规定，大型食品生产企业安全生产管理机构主要负责人的任免，未同时抄告所在地负责食品生产企业安全生产监管的部门的；

（二）违反本规定第九条的规定，建设项目投入生产和使用后，未在5个工作日内报告所在地负责食品生产企业安全生产监管的部门的；

（三）违反本规定第十二条的规定，事故隐患排查治理情况未如实记录在案，并向从业人员通报的。

第二十七条 食品生产企业不具备法律、行政法规和国家标准或者行业标准规定的安全生产条件，经停产整顿后仍不具备安全生产条件的，县级以上地方人民政府负责食品生产企业安全生产监管的部门应当提请本级人民政府依法予以关闭。

第二十八条 监督检查人员在对食品生产企业进行监督检查时，滥用职权、玩忽职守、徇私舞弊的，依照有关规定给予处分；构成犯罪的，依法追究刑事责任。

第二十九条 本规定的行政处罚由县级以上地方人民政府负责食品生产企业安全生产监管的部门实施，有关法律、法规和规章对行政处罚的种类、幅度和决定机关另有规定的，依照其规定。

第六章 附 则

第三十条 本规定自2014年3月1日起施行。

附 录

食品生产许可管理办法

国家食品药品监督管理总局令

第 16 号

《食品生产许可管理办法》已经国家食品药品监督管理总局局务会议审议通过，现予公布，自 2015 年 10 月 1 日起施行。

国家食品药品监督管理总局局长
2015 年 8 月 31 日

第一章 总 则

第一条 为规范食品、食品添加剂生产许可活动，加强食品生产监督管理，保障食品安全，根据《中华人民共和国食品安全法》《中华人民共和国行政许可法》等法律法规，制定本办法。

第二条 在中华人民共和国境内，从事食品生产活动，应当依法取得食品生产许可。

食品生产许可的申请、受理、审查、决定及其监督检查，适用本办法。

第三条 食品生产许可应当遵循依法、公开、公平、公正、便民、高效的原则。

第四条 食品生产许可实行一企一证原则，即同一个食品生产者从事食品生产活动，应当取得一个食品生产许可证。

第五条 食品药品监督管理部门按照食品的风险程度对食品生产实施分类许可。

第六条 国家食品药品监督管理总局负责监督指导全国食品生产许可管理工作。

县级以上地方食品药品监督管理部门负责本行政区域内的食品生产许可管理工作。

第七条 省、自治区、直辖市食品药品监督管理部门可以根据食品类别和食品安全风险状况，确定市、县级食品药品监督管理部门的食品生产许可管理权限。

保健食品、特殊医学用途配方食品、婴幼儿配方食品的生产许可由省、自治区、直辖市食品药品监督管理部门负责。

第八条 国家食品药品监督管理总局负责制定食品生产许可审查通则和细则。

省、自治区、直辖市食品药品监督管理部门可以根据本行政区域食品生产许可审查工作的需要，对地方特色食品等食品制定食品生产许可审查细则，在本行政区域内实施，并报国家食品药品监督管理总局备案。国家食品药品监督管理总局制定公布相关食品生产许可审查细则后，地方特色食品等食品生产许可审查细则自行废止。

县级以上地方食品药品监督管理部门实施食品生产许可审查，应当遵守食品生产许可审查通则和细则。

第九条 县级以上食品药品监督管理部门应当加快信息化建设，在行政机关的网站上公布生产许可事项，方便申请人采取数据电文等方式提出生产许可申请，提高办事效率。

第二章 申请与受理

第十条 申请食品生产许可，应当先行取得营业执照等合法主体资格。

企业法人、合伙企业、个人独资企业、个体工商户等，以营业执照载明的主体作为申请人。

第十一条　申请食品生产许可,应当按照以下食品类别提出:粮食加工品,食用油、油脂及其制品,调味品,肉制品,乳制品,饮料,方便食品,饼干,罐头,冷冻饮品,速冻食品,薯类和膨化食品,糖果制品,茶叶及相关制品,酒类,蔬菜制品,水果制品,炒货食品及坚果制品,蛋制品,可可及焙烤咖啡产品,食糖,水产制品,淀粉及淀粉制品,糕点,豆制品,蜂产品,保健食品,特殊医学用途配方食品,婴幼儿配方食品,特殊膳食食品,其他食品等。

国家食品药品监督管理总局可以根据监督管理工作需要对食品类别进行调整。

第十二条　申请食品生产许可,应当符合下列条件:

(一) 具有与生产的食品品种、数量相适应的食品原料处理和食品加工、包装、贮存等场所,保持该场所环境整洁,并与有毒、有害场所以及其他污染源保持规定的距离。

(二) 具有与生产的食品品种、数量相适应的生产设备或者设施,有相应的消毒、更衣、盥洗、采光、照明、通风、防腐、防尘、防蝇、防鼠、防虫、洗涤以及处理废水、存放垃圾和废弃物的设备或者设施;保健食品生产工艺有原料提取、纯化等前处理工序的,需要具备与生产的品种、数量相适应的原料前处理设备或者设施。

(三) 有专职或者兼职的食品安全管理人员和保证食品安全的规章制度。

(四) 具有合理的设备布局和工艺流程,防止待加工食品与直接入口食品、原料与成品交叉污染,避免食品接触有毒物、不洁物。

(五) 法律、法规规定的其他条件。

第十三条　申请食品生产许可,应当向申请人所在地县级以上地方食品药品监督管理部门提交下列材料:

(一) 食品生产许可申请书;

(二) 营业执照复印件;

（三）食品生产加工场所及其周围环境平面图、各功能区间布局平面图、工艺设备布局图和食品生产工艺流程图；

（四）食品生产主要设备、设施清单；

（五）进货查验记录、生产过程控制、出厂检验记录、食品安全自查、从业人员健康管理、不安全食品召回、食品安全事故处置等保证食品安全的规章制度。

申请人委托他人办理食品生产许可申请的，代理人应当提交授权委托书以及代理人的身份证明文件。

第十四条　申请保健食品、特殊医学用途配方食品、婴幼儿配方食品的生产许可，还应当提交与所生产食品相适应的生产质量管理体系文件以及相关注册和备案文件。

第十五条　从事食品添加剂生产活动，应当依法取得食品添加剂生产许可。

申请食品添加剂生产许可，应当具备与所生产食品添加剂品种相适应的场所、生产设备或者设施、食品安全管理人员、专业技术人员和管理制度。

第十六条　申请食品添加剂生产许可，应当向申请人所在地县级以上地方食品药品监督管理部门提交下列材料：

（一）食品添加剂生产许可申请书；

（二）营业执照复印件；

（三）食品添加剂生产加工场所及其周围环境平面图和生产加工各功能区间布局平面图；

（四）食品添加剂生产主要设备、设施清单及布局图；

（五）食品添加剂安全自查、进货查验记录、出厂检验记录等保证食品添加剂安全的规章制度。

第十七条　申请人应当如实向食品药品监督管理部门提交有关材料和反映真实情况，对申请材料的真实性负责，并在申请书等材料上签名或者盖章。

第十八条　县级以上地方食品药品监督管理部门对申请人提出的食品生产许可申请，应当根据下列情况分别作出处理：

（一）申请事项依法不需要取得食品生产许可的，应当即时告知申请人不受理。

（二）申请事项依法不属于食品药品监督管理部门职权范围的，应当即时作出不予受理的决定，并告知申请人向有关行政机关申请。

（三）申请材料存在可以当场更正的错误的，应当允许申请人当场更正，由申请人在更正处签名或者盖章，注明更正日期。

（四）申请材料不齐全或者不符合法定形式的，应当当场或者在5个工作日内一次告知申请人需要补正的全部内容。当场告知的，应当将申请材料退回申请人；在5个工作日内告知的，应当收取申请材料并出具收到申请材料的凭据。逾期不告知的，自收到申请材料之日起即为受理。

（五）申请材料齐全、符合法定形式，或者申请人按照要求提交全部补正材料的，应当受理食品生产许可申请。

第十九条　县级以上地方食品药品监督管理部门对申请人提出的申请决定予以受理的，应当出具受理通知书；决定不予受理的，应当出具不予受理通知书，说明不予受理的理由，并告知申请人依法享有申请行政复议或者提起行政诉讼的权利。

第三章　审查与决定

第二十条　县级以上地方食品药品监督管理部门应当对申请人提交的申请材料进行审查。需要对申请材料的实质内容进行核实的，应当进行现场核查。

食品药品监督管理部门在食品生产许可现场核查时，可以根据食品生产工艺流程等要求，核查试制食品检验合格报告。在食品添加剂生产许可现场核查时，可以根据食品添加剂品种特点，核查试制食品添加剂检验合格报告、复配食品添加剂组成等。

现场核查应当由符合要求的核查人员进行。核查人员不得少于2人。核查人员应当出示有效证件，填写食品生产许可现场核查表，制作现场核查记录，经申请人核对无误后，由核查人员和申请人在核查表和记录上签名或者盖章。申请人拒绝签名或者盖章的，核查人员应当注明情况。

申请保健食品、特殊医学用途配方食品、婴幼儿配方乳粉生产许可，在产品注册时经过现场核查的，可以不再进行现场核查。

食品药品监督管理部门可以委托下级食品药品监督管理部门，对受理的食品生产许可申请进行现场核查。

核查人员应当自接受现场核查任务之日起10个工作日内，完成对生产场所的现场核查。

第二十一条　除可以当场作出行政许可决定的外，县级以上地方食品药品监督管理部门应当自受理申请之日起20个工作日内作出是否准予行政许可的决定。因特殊原因需要延长期限的，经本行政机关负责人批准，可以延长10个工作日，并应当将延长期限的理由告知申请人。

第二十二条　县级以上地方食品药品监督管理部门应当根据申请材料审查和现场核查等情况，对符合条件的，作出准予生产许可的决定，并自作出决定之日起10个工作日内向申请人颁发食品生产许可证；对不符合条件的，应当及时作出不予许可的书面决定并说明理由，同时告知申请人依法享有申请行政复议或者提起行政诉讼的权利。

第二十三条　食品添加剂生产许可申请符合条件的，由申请人所在地县级以上地方食品药品监督管理部门依法颁发食品生产许可证，并标注食品添加剂。

第二十四条　食品生产许可证发证日期为许可决定作出的日期，有效期为5年。

第二十五条　县级以上地方食品药品监督管理部门认为食品生产许可申请涉及公共利益的重大事项，需要听证的，应当向社会公告并举行听证。

第二十六条　食品生产许可直接涉及申请人与他人之间重大利益关系的，县级以上地方食品药品监督管理部门在作出行政许可决定前，应当告知申请人、利害关系人享有要求听证的权利。

申请人、利害关系人在被告知听证权利之日起5个工作日内提出听证申请的，食品药品监督管理部门应当在20个工作日内组织听证。听证期限不计算在行政许可审查期限之内。

第四章　许可证管理

第二十七条　食品生产许可证分为正本、副本。正本、副本具有同等法律效力。

国家食品药品监督管理总局负责制定食品生产许可证正本、副本式样。省、自治区、直辖市食品药品监督管理部门负责本行政区域食品生产许可证的印制、发放等管理工作。

第二十八条　食品生产许可证应当载明：生产者名称、社会信用代码（个体生产者为身份证号码）、法定代表人（负责人）、住所、生产地址、食品类别、许可证编号、有效期、日常监督管理机构、日常监督管理人员、投诉举报电话、发证机关、签发人、发证日期和二维码。

副本还应当载明食品明细和外设仓库（包括自有和租赁）具体地址。生产保健食品、特殊医学用途配方食品、婴幼儿配方食品的，还应当载明产品注册批准文号或者备案登记号；接受委托生产保健食品的，还应当载明委托企业名称及住所等相关信息。

第二十九条　食品生产许可证编号由SC（"生产"的汉语拼音字母缩写）和14位阿拉伯数字组成。数字从左至右依次为：3位食品类别编码、2位省（自治区、直辖市）代码、2位市（地）代码、2位县（区）代码、4位顺序码、1位校验码。

第三十条　日常监督管理人员为负责对食品生产活动进行日常监督管理的工作人员。日常监督管理人员发生变化的，可以通过签章的方式在许可证上变更。

第三十一条　食品生产者应当妥善保管食品生产许可证，不得伪造、涂改、倒卖、出租、出借、转让。

食品生产者应当在生产场所的显著位置悬挂或者摆放食品生产许可证正本。

第五章　变更、延续、补办与注销

第三十二条　食品生产许可证有效期内,现有工艺设备布局和工艺流程、主要生产设备设施、食品类别等事项发生变化,需要变更食品生产许可证载明的许可事项的,食品生产者应当在变化后10个工作日内向原发证的食品药品监督管理部门提出变更申请。

生产场所迁出原发证的食品药品监督管理部门管辖范围的,应当重新申请食品生产许可。

食品生产许可证副本载明的同一食品类别内的事项、外设仓库地址发生变化的,食品生产者应当在变化后10个工作日内向原发证的食品药品监督管理部门报告。

第三十三条　申请变更食品生产许可的,应当提交下列申请材料:

(一) 食品生产许可变更申请书;

(二) 食品生产许可证正本、副本;

(三) 与变更食品生产许可事项有关的其他材料。

第三十四条　食品生产者需要延续依法取得的食品生产许可的有效期的,应当在该食品生产许可有效期届满30个工作日前,向原发证的食品药品监督管理部门提出申请。

第三十五条　食品生产者申请延续食品生产许可,应当提交下列材料:

(一) 食品生产许可延续申请书;

(二) 食品生产许可证正本、副本;

(三) 与延续食品生产许可事项有关的其他材料。

保健食品、特殊医学用途配方食品、婴幼儿配方食品的生产企业申请延续食品生产许可的,还应当提供生产质量管理体系运行情况的自查报告。

第三十六条　县级以上地方食品药品监督管理部门应当根据被许可人的延续申请,在该食品生产许可有效期届满前作出是否准予延续的决定。

第三十七条 县级以上地方食品药品监督管理部门应当对变更或者延续食品生产许可的申请材料进行审查。

申请人声明生产条件未发生变化的，县级以上地方食品药品监督管理部门可以不再进行现场核查。

申请人的生产条件发生变化，可能影响食品安全的，食品药品监督管理部门应当就变化情况进行现场核查。保健食品、特殊医学用途配方食品、婴幼儿配方食品注册或者备案的生产工艺发生变化的，应当先办理注册或者备案变更手续。

第三十八条 原发证的食品药品监督管理部门决定准予变更的，应当向申请人颁发新的食品生产许可证。食品生产许可证编号不变，发证日期为食品药品监督管理部门作出变更许可决定的日期，有效期与原证书一致。但是，对因迁址等原因而进行全面现场核查的，其换发的食品生产许可证有效期自发证之日起计算。

对因产品有关标准、要求发生改变，国家和省级食品药品监督管理部门决定组织重新核查而换发的食品生产许可证，其发证日期以重新批准日期为准，有效期自重新发证之日起计算。

第三十九条 原发证的食品药品监督管理部门决定准予延续的，应当向申请人颁发新的食品生产许可证，许可证编号不变，有效期自食品药品监督管理部门作出延续许可决定之日起计算。

不符合许可条件的，原发证的食品药品监督管理部门应当作出不予延续食品生产许可的书面决定，并说明理由。

第四十条 食品生产许可证遗失、损坏的，应当向原发证的食品药品监督管理部门申请补办，并提交下列材料：

（一）食品生产许可证补办申请书；

（二）食品生产许可证遗失的，申请人应当提交在县级以上地方食品药品监督管理部门网站或者其他县级以上主要媒体上刊登遗失公告的材料；食品生产许可证损坏的，应当提交损坏的食品生产许可证原件。

材料符合要求的，县级以上地方食品药品监督管理部门应当在受理后20个工作日内予以补发。

因遗失、损坏补发的食品生产许可证，许可证编号不变，发证日期和有效期与原证书保持一致。

第四十一条　食品生产者终止食品生产，食品生产许可被撤回、撤销或者食品生产许可证被吊销的，应当在30个工作日内向原发证的食品药品监督管理部门申请办理注销手续。

食品生产者申请注销食品生产许可的，应当向原发证的食品药品监督管理部门提交下列材料：

（一）食品生产许可注销申请书；

（二）食品生产许可证正本、副本；

（三）与注销食品生产许可有关的其他材料。

第四十二条　有下列情形之一，食品生产者未按规定申请办理注销手续的，原发证的食品药品监督管理部门应当依法办理食品生产许可注销手续：

（一）食品生产许可有效期届满未申请延续的；

（二）食品生产者主体资格依法终止的；

（三）食品生产许可依法被撤回、撤销或者食品生产许可证依法被吊销的；

（四）因不可抗力导致食品生产许可事项无法实施的；

（五）法律法规规定的应当注销食品生产许可的其他情形。

食品生产许可被注销的，许可证编号不得再次使用。

第四十三条　食品生产许可证变更、延续、补办与注销的有关程序参照本办法第二章和第三章的有关规定执行。

第六章　监督检查

第四十四条　县级以上地方食品药品监督管理部门应当依据法律法规规定的职责，对食品生产者的许可事项进行监督检查。

第四十五条　县级以上地方食品药品监督管理部门应当建立食品许可管理信息平台，便于公民、法人和其他社会组织查询。

县级以上地方食品药品监督管理部门应当将食品生产许可颁发、许可事项检查、日常监督检查、许可违法行为查处等情况记入食品生产者食品安全信用档案,并依法向社会公布;对有不良信用记录的食品生产者应当增加监督检查频次。

第四十六条 县级以上地方食品药品监督管理部门日常监督管理人员负责所管辖食品生产者许可事项的监督检查,必要时,应当依法对相关食品仓储、物流企业进行检查。

日常监督管理人员应当按照规定的频次对所管辖的食品生产者实施全覆盖检查。

第四十七条 县级以上地方食品药品监督管理部门及其工作人员履行食品生产许可管理职责,应当自觉接受食品生产者和社会监督。

接到有关工作人员在食品生产许可管理过程中存在违法行为的举报,食品药品监督管理部门应当及时进行调查核实。情况属实的,应当立即纠正。

第四十八条 县级以上地方食品药品监督管理部门应当建立食品生产许可档案管理制度,将办理食品生产许可的有关材料、发证情况及时归档。

第四十九条 国家食品药品监督管理总局可以定期或者不定期组织对全国食品生产许可工作进行监督检查;省、自治区、直辖市食品药品监督管理部门可以定期或者不定期组织对本行政区域内的食品生产许可工作进行监督检查。

第七章 法律责任

第五十条 未取得食品生产许可从事食品生产活动的,由县级以上地方食品药品监督管理部门依照《中华人民共和国食品安全法》第一百二十二条的规定给予处罚。

第五十一条 许可申请人隐瞒真实情况或者提供虚假材料申请食品生产许可的,由县级以上地方食品药品监督管理部门给予警告。申请人在1年内不得再次申请食品生产许可。

第五十二条 被许可人以欺骗、贿赂等不正当手段取得食品生产许可的,由原发证的食品药品监督管理部门撤销许可,并处1万元以上3万元以下罚款。被许可人在3年内不得再次申请食品生产许可。

第五十三条 违反本办法第三十一条第一款规定，食品生产者伪造、涂改、倒卖、出租、出借、转让食品生产许可证的，由县级以上地方食品药品监督管理部门责令改正，给予警告，并处1万元以下罚款；情节严重的，处1万元以上3万元以下罚款。

违反本办法第三十一条第二款规定，食品生产者未按规定在生产场所的显著位置悬挂或者摆放食品生产许可证的，由县级以上地方食品药品监督管理部门责令改正；拒不改正的，给予警告。

第五十四条 违反本办法第三十二条第一款规定，食品生产者工艺设备布局和工艺流程、主要生产设备设施、食品类别等事项发生变化，需要变更食品生产许可证载明的许可事项，未按规定申请变更的，由原发证的食品药品监督管理部门责令改正，给予警告；拒不改正的，处2000元以上1万元以下罚款。

违反本办法第三十二条第三款规定或者第四十一条第一款规定，食品生产许可证副本载明的同一食品类别内的事项、外设仓库地址发生变化，食品生产者未按规定报告的，或者食品生产者终止食品生产，食品生产许可被撤回、撤销或者食品生产许可证被吊销，未按规定申请办理注销手续的，由原发证的食品药品监督管理部门责令改正；拒不改正的，给予警告，并处2000元以下罚款。

第五十五条 被吊销生产许可证的食品生产者及其法定代表人、直接负责的主管人员和其他直接责任人员自处罚决定作出之日起5年内不得申请食品生产经营许可，或者从事食品生产经营管理工作、担任食品生产经营企业食品安全管理人员。

第五十六条 食品药品监督管理部门对不符合条件的申请人准予许可，或者超越法定职权准予许可的，依照《中华人民共和国食品安全法》第一百四十四条的规定给予处分。

第八章 附 则

第五十七条 取得食品经营许可的餐饮服务提供者在其餐饮服

务场所制作加工食品，不需要取得本办法规定的食品生产许可。

第五十八条 食品添加剂的生产许可管理原则、程序、监督检查和法律责任，适用本办法有关食品生产许可的规定。

第五十九条 对食品生产加工小作坊的监督管理，按照省、自治区、直辖市制定的具体管理办法执行。

第六十条 食品生产者在本办法施行前已经取得的生产许可证在有效期内继续有效。

第六十一条 各省、自治区、直辖市食品药品监督管理部门可以根据本行政区域实际情况，制定有关食品生产许可管理的具体实施办法。

第六十二条 本办法自2015年10月1日起施行。

危险化学品生产企业
安全生产许可证实施办法

国家安全生产监督管理总局令
第 89 号

《国家安全监管总局关于修改和废止部分规章及规范性文件的决定》已经 2017 年 1 月 10 日国家安全生产监督管理总局局长办公会议审议通过，现予公布，自公布之日起施行。

国家安全生产监督管理总局局长
2017 年 3 月 6 日

（2011 年 8 月 5 日国家安全监管总局令第 41 号公布；根据 2015 年 5 月 27 日国家安全监管总局令第 79 号修正；根据 2017 年 3 月 6 日国家安全生产监督管理总局令第 89 号修正）

第一章　总　　则

第一条　为了严格规范危险化学品生产企业安全生产条件，做好危险化学品生产企业安全生产许可证的颁发和管理工作，根据

《安全生产许可证条例》、《危险化学品安全管理条例》等法律、行政法规，制定本实施办法。

第二条 本办法所称危险化学品生产企业（以下简称企业），是指依法设立且取得工商营业执照或者工商核准文件从事生产最终产品或者中间产品列入《危险化学品目录》的企业。

第三条 企业应当依照本办法的规定取得危险化学品安全生产许可证（以下简称安全生产许可证）。未取得安全生产许可证的企业，不得从事危险化学品的生产活动。

第四条 安全生产许可证的颁发管理工作实行企业申请、两级发证、属地监管的原则。

第五条 国家安全生产监督管理总局指导、监督全国安全生产许可证的颁发管理工作。

省、自治区、直辖市安全生产监督管理部门（以下简称省级安全生产监督管理部门）负责本行政区域内中央企业及其直接控股涉及危险化学品生产的企业（总部）以外的企业安全生产许可证的颁发管理。

第六条 省级安全生产监督管理部门可以将其负责的安全生产许可证颁发工作，委托企业所在地设区的市级或者县级安全生产监督管理部门实施。涉及剧毒化学品生产的企业安全生产许可证颁发工作，不得委托实施。国家安全生产监督管理总局公布的涉及危险化工工艺和重点监管危险化学品的企业安全生产许可证颁发工作，不得委托县级安全生产监督管理部门实施。

受委托的设区的市级或者县级安全生产监督管理部门在受委托的范围内，以省级安全生产监督管理部门的名义实施许可，但不得再委托其他组织和个人实施。

国家安全生产监督管理总局、省级安全生产监督管理部门和受委托的设区的市级或者县级安全生产监督管理部门统称实施机关。

第七条 省级安全生产监督管理部门应当将受委托的设区的市级或者县级安全生产监督管理部门以及委托事项予以公告。

省级安全生产监督管理部门应当指导、监督受委托的设区的市级或者县级安全生产监督管理部门颁发安全生产许可证,并对其法律后果负责。

第二章　申请安全生产许可证的条件

第八条　企业选址布局、规划设计以及与重要场所、设施、区域的距离应当符合下列要求:

(一)国家产业政策;当地县级以上(含县级)人民政府的规划和布局;新设立企业建在地方人民政府规划的专门用于危险化学品生产、储存的区域内;

(二)危险化学品生产装置或者储存危险化学品数量构成重大危险源的储存设施,与《危险化学品安全管理条例》第十九条第一款规定的八类场所、设施、区域的距离符合有关法律、法规、规章和国家标准或者行业标准的规定;

(三)总体布局符合《化工企业总图运输设计规范》(GB50489)、《工业企业总平面设计规范》(GB50187)、《建筑设计防火规范》(GB50016)等标准的要求。

石油化工企业除符合本条第一款规定条件外,还应当符合《石油化工企业设计防火规范》(GB50160)的要求。

第九条　企业的厂房、作业场所、储存设施和安全设施、设备、工艺应当符合下列要求:

(一)新建、改建、扩建建设项目经具备国家规定资质的单位设计、制造和施工建设;涉及危险化工工艺、重点监管危险化学品的装置,由具有综合甲级资质或者化工石化专业甲级设计资质的化工石化设计单位设计;

(二)不得采用国家明令淘汰、禁止使用和危及安全生产的工艺、设备;新开发的危险化学品生产工艺必须在小试、中试、工业化试验的基础上逐步放大到工业化生产;国内首次使用的化工工艺,必须经过省级人民政府有关部门组织的安全可靠性论证;

(三)涉及危险化工工艺、重点监管危险化学品的装置装设自动化控制系统；涉及危险化工工艺的大型化工装置装设紧急停车系统；涉及易燃易爆、有毒有害气体化学品的场所装设易燃易爆、有毒有害介质泄漏报警等安全设施；

（四）生产区与非生产区分开设置，并符合国家标准或者行业标准规定的距离；

（五）危险化学品生产装置和储存设施之间及其与建（构）筑物之间的距离符合有关标准规范的规定。

同一厂区内的设备、设施及建（构）筑物的布置必须适用同一标准的规定。

第十条 企业应当有相应的职业危害防护设施，并为从业人员配备符合国家标准或者行业标准的劳动防护用品。

第十一条 企业应当依据《危险化学品重大危险源辨识》（GB18218），对本企业的生产、储存和使用装置、设施或者场所进行重大危险源辨识。

对已确定为重大危险源的生产和储存设施，应当执行《危险化学品重大危险源监督管理暂行规定》。

第十二条 企业应当依法设置安全生产管理机构，配备专职安全生产管理人员。配备的专职安全生产管理人员必须能够满足安全生产的需要。

第十三条 企业应当建立全员安全生产责任制，保证每位从业人员的安全生产责任与职务、岗位相匹配。

第十四条 企业应当根据化工工艺、装置、设施等实际情况，制定完善下列主要安全生产规章制度：

（一）安全生产例会等安全生产会议制度；

（二）安全投入保障制度；

（三）安全生产奖惩制度；

（四）安全培训教育制度；

（五）领导干部轮流现场带班制度；

（六）特种作业人员管理制度；

（七）安全检查和隐患排查治理制度；

（八）重大危险源评估和安全管理制度；

（九）变更管理制度；

（十）应急管理制度；

（十一）生产安全事故或者重大事件管理制度；

（十二）防火、防爆、防中毒、防泄漏管理制度；

（十三）工艺、设备、电气仪表、公用工程安全管理制度；

（十四）动火、进入受限空间、吊装、高处、盲板抽堵、动土、断路、设备检维修等作业安全管理制度；

（十五）危险化学品安全管理制度；

（十六）职业健康相关管理制度；

（十七）劳动防护用品使用维护管理制度；

（十八）承包商管理制度；

（十九）安全管理制度及操作规程定期修订制度。

第十五条 企业应当根据危险化学品的生产工艺、技术、设备特点和原辅料、产品的危险性编制岗位操作安全规程。

第十六条 企业主要负责人、分管安全负责人和安全生产管理人员必须具备与其从事的生产经营活动相适应的安全生产知识和管理能力，依法参加安全生产培训，并经考核合格，取得安全合格证书。

企业分管安全负责人、分管生产负责人、分管技术负责人应当具有一定的化工专业知识或者相应的专业学历，专职安全生产管理人员应当具备国民教育化工化学类（或安全工程）中等职业教育以上学历或者化工化学类中级以上专业技术职称。

企业应当有危险物品安全类注册安全工程师从事安全生产管理工作。

特种作业人员应当依照《特种作业人员安全技术培训考核管理规定》，经专门的安全技术培训并考核合格，取得特种作业操作证书。

本条第一、二、四款规定以外的其他从业人员应当按照国家有关规定，经安全教育培训合格。

第十七条　企业应当按照国家规定提取与安全生产有关的费用，并保证安全生产所必须的资金投入。

第十八条　企业应当依法参加工伤保险，为从业人员缴纳保险费。

第十九条　企业应当依法委托具备国家规定资质的安全评价机构进行安全评价，并按照安全评价报告的意见对存在的安全生产问题进行整改。

第二十条　企业应当依法进行危险化学品登记，为用户提供化学品安全技术说明书，并在危险化学品包装（包括外包装件）上粘贴或者拴挂与包装内危险化学品相符的化学品安全标签。

第二十一条　企业应当符合下列应急管理要求：

（一）按照国家有关规定编制危险化学品事故应急预案并报关部门备案；

（二）建立应急救援组织，规模较小的企业可以不建立应急救援组织，但应指定兼职的应急救援人员；

（三）配备必要的应急救援器材、设备和物资，并进行经常性维护、保养，保证正常运转。

生产、储存和使用氯气、氨气、光气、硫化氢等吸入性有毒有害气体的企业，除符合本条第一款的规定外，还应当配备至少两套以上全封闭防化服；构成重大危险源的，还应当设立气体防护站（组）。

第二十二条　企业除符合本章规定的安全生产条件，还应当符合有关法律、行政法规和国家标准或者行业标准规定的其他安全生产条件。

第三章　安全生产许可证的申请

第二十三条　中央企业及其直接控股涉及危险化学品生产的企业（总部）以外的企业向所在地省级安全生产监督管理部门或其委托的安全生产监督管理部门申请安全生产许可证。

第二十四条　新建企业安全生产许可证的申请，应当在危险化学品生产建设项目安全设施竣工验收通过后 10 个工作日内提出。

第二十五条　企业申请安全生产许可证时，应当提交下列文件、资料，并对其内容的真实性负责：

（一）申请安全生产许可证的文件及申请书；

（二）安全生产责任制文件，安全生产规章制度、岗位操作安全规程清单；

（三）设置安全生产管理机构，配备专职安全生产管理人员的文件复制件；

（四）主要负责人、分管安全负责人、安全生产管理人员和特种作业人员的安全合格证或者特种作业操作证复制件；

（五）与安全生产有关的费用提取和使用情况报告，新建企业提交有关安全生产费用提取和使用规定的文件；

（六）为从业人员缴纳工伤保险费的证明材料；

（七）危险化学品事故应急救援预案的备案证明文件；

（八）危险化学品登记证复制件；

（九）工商营业执照副本或者工商核准文件复制件；

（十）具备资质的中介机构出具的安全评价报告；

（十一）新建企业的竣工验收报告；

（十二）应急救援组织或者应急救援人员，以及应急救援器材、设备设施清单。

有危险化学品重大危险源的企业，除提交本条第一款规定的文件、资料外，还应当提供重大危险源及其应急预案的备案证明文件、资料。

第四章　安全生产许可证的颁发

第二十六条　实施机关收到企业申请文件、资料后，应当按照下列情况分别作出处理：

（一）申请事项依法不需要取得安全生产许可证的，即时告知企业不予受理；

（二）申请事项依法不属于本实施机关职责范围的，即时作出不予受理的决定，并告知企业向相应的实施机关申请；

（三）申请材料存在可以当场更正的错误的，允许企业当场更正，并受理其申请；

（四）申请材料不齐全或者不符合法定形式的，当场告知或者在5个工作日内出具补正告知书，一次告知企业需要补正的全部内容；逾期不告知的，自收到申请材料之日起即为受理；

（五）企业申请材料齐全、符合法定形式，或者按照实施机关要求提交全部补正材料的，立即受理其申请。

实施机关受理或者不予受理行政许可申请，应当出具加盖本机关专用印章和注明日期的书面凭证。

第二十七条　安全生产许可证申请受理后，实施机关应当组织对企业提交的申请文件、资料进行审查。对企业提交的文件、资料实质内容存在疑问，需要到现场核查的，应当指派工作人员就有关内容进行现场核查。工作人员应当如实提出现场核查意见。

第二十八条　实施机关应当在受理之日起45个工作日内作出是否准予许可的决定。审查过程中的现场核查所需时间不计算在本条规定的期限内。

第二十九条　实施机关作出准予许可决定的，应当自决定之日起10个工作日内颁发安全生产许可证。

实施机关作出不予许可的决定的，应当在10个工作日内书面告知企业并说明理由。

第三十条　企业在安全生产许可证有效期内变更主要负责人、企业名称或者注册地址的，应当自工商营业执照或者隶属关系变更之日起10个工作日内向实施机关提出变更申请，并提交下列文件、资料：

（一）变更后的工商营业执照副本复制件；

（二）变更主要负责人的，还应当提供主要负责人经安全生产监督管理部门考核合格后颁发的安全合格证复制件；

（三）变更注册地址的，还应当提供相关证明材料。

对已经受理的变更申请，实施机关应当在对企业提交的文件、资料审查无误后，方可办理安全生产许可证变更手续。

企业在安全生产许可证有效期内变更隶属关系的，仅需提交隶属关系变更证明材料报实施机关备案。

第三十一条 企业在安全生产许可证有效期内，当原生产装置新增产品或者改变工艺技术对企业的安全生产产生重大影响时，应当对该生产装置或者工艺技术进行专项安全评价，并对安全评价报告中提出的问题进行整改；在整改完成后，向原实施机关提出变更申请，提交安全评价报告。实施机关按照本办法第三十条的规定办理变更手续。

第三十二条 企业在安全生产许可证有效期内，有危险化学品新建、改建、扩建建设项目（以下简称建设项目）的，应当在建设项目安全设施竣工验收合格之日起10个工作日内向原实施机关提出变更申请，并提交建设项目安全设施竣工验收报告等相关文件、资料。实施机关按照本办法第二十七条、第二十八条和第二十九条的规定办理变更手续。

第三十三条 安全生产许可证有效期为3年。企业安全生产许可证有效期届满后继续生产危险化学品的，应当在安全生产许可证有效期届满前3个月提出延期申请，并提交延期申请书和本办法第二十五条规定的申请文件、资料。

实施机关按照本办法第二十六条、第二十七条、第二十八条、第二十九条的规定进行审查，并作出是否准予延期的决定。

第三十四条 企业在安全生产许可证有效期内，符合下列条件的，其安全生产许可证届满时，经原实施机关同意，可不提交第二十五条第一款第二、七、八、十、十一项规定的文件、资料，直接办理延期手续：

（一）严格遵守有关安全生产的法律、法规和本办法的；

（二）取得安全生产许可证后，加强日常安全生产管理，未降低安全生产条件，并达到安全生产标准化等级二级以上的；

（三）未发生死亡事故的。

第三十五条 安全生产许可证分为正、副本，正本为悬挂式，副本为折页式，正、副本具有同等法律效力。

实施机关应当分别在安全生产许可证正、副本上载明编号、企业名称、主要负责人、注册地址、经济类型、许可范围、有效期、发证机关、发证日期等内容。其中，正本上的"许可范围"应当注明"危险化学品生产"，副本上的"许可范围"应当载明生产场所地址和对应的具体品种、生产能力。

安全生产许可证有效期的起始日为实施机关作出许可决定之日，截止日为起始日至三年后同一日期的前一日。有效期内有变更事项的，起始日和截止日不变，载明变更日期。

第三十六条 企业不得出租、出借、买卖或者以其他形式转让其取得的安全生产许可证，或者冒用他人取得的安全生产许可证、使用伪造的安全生产许可证。

第五章　监督管理

第三十七条 实施机关应当坚持公开、公平、公正的原则，依照本办法和有关安全生产行政许可的法律、法规规定，颁发安全生产许可证。

实施机关工作人员在安全生产许可证颁发及其监督管理工作中，不得索取或者接受企业的财物，不得谋取其他非法利益。

第三十八条 实施机关应当加强对安全生产许可证的监督管理，建立、健全安全生产许可证档案管理制度。

第三十九条 有下列情形之一的，实施机关应当撤销已经颁发的安全生产许可证：

（一）超越职权颁发安全生产许可证的；

（二）违反本办法规定的程序颁发安全生产许可证的；

（三）以欺骗、贿赂等不正当手段取得安全生产许可证的。

第四十条 企业取得安全生产许可证后有下列情形之一的，实施机关应当注销其安全生产许可证：

（一）安全生产许可证有效期届满未被批准延续的；

（二）终止危险化学品生产活动的；

（三）安全生产许可证被依法撤销的；

（四）安全生产许可证被依法吊销的。

安全生产许可证注销后，实施机关应当在当地主要新闻媒体或者本机关网站上发布公告，并通报企业所在地人民政府和县级以上安全生产监督管理部门。

第四十一条　省级安全生产监督管理部门应当在每年1月15日前，将本行政区域内上年度安全生产许可证的颁发和管理情况报国家安全生产监督管理总局。

国家安全生产监督管理总局、省级安全生产监督管理部门应当定期向社会公布企业取得安全生产许可的情况，接受社会监督。

第六章　法律责任

第四十二条　实施机关工作人员有下列行为之一的，给予降级或者撤职的处分；构成犯罪的，依法追究刑事责任：

（一）向不符合本办法第二章规定的安全生产条件的企业颁发安全生产许可证的；

（二）发现企业未依法取得安全生产许可证擅自从事危险化学品生产活动，不依法处理的；

（三）发现取得安全生产许可证的企业不再具备本办法第二章规定的安全生产条件，不依法处理的；

（四）接到对违反本办法规定行为的举报后，不及时依法处理的；

（五）在安全生产许可证颁发和监督管理工作中，索取或者接受企业的财物，或者谋取其他非法利益的。

第四十三条　企业取得安全生产许可证后发现其不具备本办法规定的安全生产条件的，依法暂扣其安全生产许可证1个月以上

6个月以下；暂扣期满仍不具备本办法规定的安全生产条件的，依法吊销其安全生产许可证。

第四十四条 企业出租、出借或者以其他形式转让安全生产许可证的，没收违法所得，处10万元以上50万元以下的罚款，并吊销安全生产许可证；构成犯罪的，依法追究刑事责任。

第四十五条 企业有下列情形之一的，责令停止生产危险化学品，没收违法所得，并处10万元以上50万元以下的罚款；构成犯罪的，依法追究刑事责任：

（一）未取得安全生产许可证，擅自进行危险化学品生产的；

（二）接受转让的安全生产许可证的；

（三）冒用或者使用伪造的安全生产许可证的。

第四十六条 企业在安全生产许可证有效期届满未办理延期手续，继续进行生产的，责令停止生产，限期补办延期手续，没收违法所得，并处5万元以上10万元以下的罚款；逾期仍不办理延期手续，继续进行生产的，依照本办法第四十五条的规定进行处罚。

第四十七条 企业在安全生产许可证有效期内主要负责人、企业名称、注册地址、隶属关系发生变更或者新增产品、改变工艺技术对企业安全生产产生重大影响，未按照本办法第三十条规定的时限提出安全生产许可证变更申请的，责令限期申请，处1万元以上3万元以下的罚款。

第四十八条 企业在安全生产许可证有效期内，其危险化学品建设项目安全设施竣工验收合格后，未按照本办法第三十二条规定的时限提出安全生产许可证变更申请并且擅自投入运行的，责令停止生产，限期申请，没收违法所得，并处1万元以上3万元以下的罚款。

第四十九条 发现企业隐瞒有关情况或者提供虚假材料申请安全生产许可证的，实施机关不予受理或者不予颁发安全生产许可证，并给予警告，该企业在1年内不得再次申请安全生产许可证。

企业以欺骗、贿赂等不正当手段取得安全生产许可证的，自实施机关撤销其安全生产许可证之日起3年内，该企业不得再次申请安全生产许可证。

第五十条 安全评价机构有下列情形之一的,给予警告,并处1万元以下的罚款;情节严重的,暂停资质半年,并处1万元以上3万元以下的罚款;对相关责任人依法给予处理:

(一)从业人员不到现场开展安全评价活动的;

(二)安全评价报告与实际情况不符,或者安全评价报告存在重大疏漏,但尚未造成重大损失的;

(三)未按照有关法律、法规、规章和国家标准或者行业标准的规定从事安全评价活动的。

第五十一条 承担安全评价、检测、检验的机构出具虚假证明的,没收违法所得;违法所得在10万元以上的,并处违法所得2倍以上5倍以下的罚款;没有违法所得或者违法所得不足10万元的,单处或者并处10万元以上20万元以下的罚款;对其直接负责的主管人员和其他直接责任人员处2万元以上5万元以下的罚款;给他人造成损害的,与企业承担连带赔偿责任;构成犯罪的,依照刑法有关规定追究刑事责任。

对有前款违法行为的机构,依法吊销其相应资质。

第五十二条 本办法规定的行政处罚,由国家安全生产监督管理总局、省级安全生产监督管理部门决定。省级安全生产监督管理部门可以委托设区的市级或者县级安全生产监督管理部门实施。

第七章 附 则

第五十三条 将纯度较低的化学品提纯至纯度较高的危险化学品的,适用本办法。购买某种危险化学品进行分装(包括充装)或者加入非危险化学品的溶剂进行稀释,然后销售或者使用的,不适用本办法。

第五十四条 本办法下列用语的含义:

(一)危险化学品目录,是指国家安全生产监督管理总局会同国务院工业和信息化、公安、环境保护、卫生、质量监督检验检疫、交通运输、铁路、民用航空、农业主管部门，依据《危险化学品安全管理条例》公布的危险化学品目录。

（二）中间产品，是指为满足生产的需要，生产一种或者多种产品为下一个生产过程参与化学反应的原料。

（三）作业场所，是指可能使从业人员接触危险化学品的任何作业活动场所，包括从事危险化学品的生产、操作、处置、储存、装卸等场所。

第五十五条　安全生产许可证由国家安全生产监督管理总局统一印制。

危险化学品安全生产许可的文书、安全生产许可证的格式、内容和编号办法，由国家安全生产监督管理总局另行规定。

第五十六条　省级安全生产监督管理部门可以根据当地实际情况制定安全生产许可证颁发管理的细则，并报国家安全生产监督管理总局备案。

第五十七条　本办法自2011年12月1日起施行。原国家安全生产监督管理局（国家煤矿安全监察局）2004年5月17日公布的《危险化学品生产企业安全生产许可证实施办法》同时废止。

附 录

国家安全监管总局关于进一步严格危险化学品和化工企业安全生产监督管理的通知

安监总管三〔2014〕46号

各省、自治区、直辖市及新疆生产建设兵团安全生产监督管理局：

今年以来，全国接连发生了9起危险化学品和化工较大事故。反映出部分企业没有认真贯彻落实有关危险化学品安全生产法律法规和文件要求，一些地方监管执法和事故查处力度有待加强。为进一步加强对危险化学品和化工企业的安全生产监督管理，有效遏制事故多发势头，现就有关事项通知如下：

一、提高对危险化学品和化工企业安全监管极端重要性的认识。危险化学品自身具有有毒、有害、易燃易爆等特性，危险化学品和化工企业一旦发生事故，极易给人民生命财产安全、生态环境等造成严重危害，带来较大社会影响。地方各级安全监管部门要提高对危险化学品和化工企业安全监管工作极端重要性的认识，认真学习领会习近平总书记、李克强总理等中央领导同志关于安全生产工作的一系列重要指示批示精神，加强有关法规政策宣贯，从指导和督促企业严格执行安全生产相关法律法规和政策入手，强化严格执法检查，切实推动企业落实安全生产主体责任，为安全生产形势的根本好转奠定坚实基础。

二、加强对危险化学品安全生产政策法规的培训力度。各地区要进一步加大有关法律、法规和规范性文件的宣贯培训工作力度，要把重大危险源、输送管道、安全生产标准化、隐患排查治理、化工过程安全管理，特别是《化工（危险化学品）企业保障生产安全十条规定》（国家安全监管总局令第64号）等方面规定要求纳入再培训内容。今年7月底前，市、县两级安全监管部门要督促本行政区域内所有危险化学品和化工企业完成其分管负责人、装置负责人和安全管理人员的再培训，并组织专题考试。考试不合格的人员要限期补考，补考不合格的，要依法取消其与安全生产有关的任职资格。确保企业在学习、理解的基础上，把有关法律法规及规章等要求转化为企业的安全管理制度，并切实得到认真执行。

三、强化执法检查，严格对危险化学品和化工企业的监督管理。各地区要抓住行业特点，强化对动火、进入受限空间等直接作业现场的执法检查，增强执法检查的针对性和有效性。对发生事故和存在重大隐患的、多次查出问题的以及涉及"两重点一重大"（即重点监管危险化学品、重点监管危险化工工艺和危险化学品重大危险源）的企业，要加大检查的频次，凡是违反《化工（危险化学品）企业保障生产安全十条规定》的和反复查出同样问题的企业，要按照经济处罚上限依法进行处罚。各地区要每季度汇总、分析本地区危险化学品和化工企业安全监管和执法工作情况，及时研究解决发现的突出问题。

四、严肃事故查处。对发生生产安全事故的危险化学品和化工企业，地方各级安全监管部门要依法进行处罚。

对取得危险化学品安全生产许可证、危险化学品安全使用许可证或危险化学品经营许可证（以下统称安全许可证），且事故调查认定对事故发生负有责任的企业：发生死亡事故的，要依法暂扣其安全许可证1个月以上6个月以下；在动火、进入受限空间等直接作业环节发生死亡事故的，要依法暂扣其安全许可证2个月以上6个月以下；发生较大事故或一年内发生2次人员死亡事故的，要依法暂扣其安全许可证3个月以上6个月以下；发生重大以上事故及一年内发生2次较大事故的，要依法吊销其安全许可证。

对事故调查认定为不具备安全生产条件的危险化学品和化工企

业；要责令其停产停业整顿，停产整顿后须经省级安全监管部门验收合格后方可复产。经停产停业整顿仍不具备安全生产条件的，要报请有关地方政府予以关闭，对取得安全许可证的企业还要依法吊销其安全许可证。

请各省级安全监管部门迅速将本通知传达到本行政区域内每一个危险化学品和化工企业。

国家安全监管总局
2014年5月23日

民用爆炸物品企业安全生产标准化管理通则

工业和信息化部关于印发《民用爆炸物品企业安全生产标准化管理通则》的通知

工信部安〔2013〕20号

各省、自治区、直辖市民爆行业行政主管部门：

为全面推进民爆企业安全生产标准化建设，进一步规范企业安全生产行为，根据国务院安委会关于深入开展企业安全生产标准化建设的相关要求，我们制定了《民用爆炸物品企业安全生产标准化管理通则》（以下简称《通则》）。现印发你们，请结合实际，加快推进民爆企业安全生产标准化工作，督促实现岗位达标、班组达标和企业达标。《通则》是民爆企业加强现场安全管理的基本要求，是评价民爆企业安全生产状况的重要依据，今后要将民爆企业安全生产标准化实施结果纳入安全生产许可年检审核内容，对未达到通则要求的企业，必须限期整改。

特此通知。

二〇一三年一月十五日

第一章 总 则

第一条 为贯彻落实《国务院安委会关于深入开展企业安全生产标准化建设的指导意见》（安委〔2011〕4号），进一步促进民用爆炸物品企业（以下简称"企业"）安全管理和生产经营活动规范化、标准化，不断提升企业整体安全生产水平，特制定本通则。

第二条 企业安全生产标准化工作应遵循"严格准入、强化基础、规范管理、管控风险"的原则，以规范企业安全生产行为为目标，以严格现场安全管理为重点，通过开展岗位达标、班组达标和企业达标，减少和消除事故隐患及不安全因素，增强企业安全风险管控能力。

第三条 企业应结合安全生产实际，建立健全安全生产标准化体系，制定并完善岗位、班组以及企业达标实施细则，采用"策划、实施、检查、改进"的动态管理模式，健全安全生产长效机制，改进和提高安全生产管理水平。

第二章 安全管理机构基本要求

第四条 生产企业（含生产场点）应设置专门的安全生产管理机构和专职安全生产管理人员，生产场点和生产线（或生产车间）应设置专职安全员，生产班组应设置专职或兼职安全员；销售企业（含销售网点）应设置专门的安全生产管理机构和专职安全管理人员；储存库区应设置专职安全员。

第五条 企业主要负责人是安全生产第一责任人，对安全生产负全面责任，同时负责全面推进和实施本企业的安全生产标准化工作，确保企业达标；企业分管安全负责人协助主要负责人抓好安全生产工作，对安全生产工作负主要责任；企业技术负责人协助主要负责人抓好安全生产技术工作，对企业的安全生产技术进步负全面责任。

第六条 生产企业安全生产负责人及安全生产管理机构负责人，应具有相关专业本科以上学历或具有中级及以上技术职称，且从事民爆及相关专业工作五年以上；销售企业安全生产负责人及安全生产管理机构负责人，应具有大专以上学历，且从事民爆相关工作五年以上。

专职安全员应具有安全工程专业本科以上学历；或具有民爆及相关专业中专以上学历，且从事民爆及相关专业工作五年以上；或具有相关专业大专以上学历，且从事民爆及相关专业工作三年以上；兼职安全员应从事民爆相关工作三年以上。

第三章 管理制度基本要求

第七条 企业应建立健全符合国家和行业相关要求的安全生产管理规章制度，并涵盖生产经营全过程，包括安全生产职责、安全生产投入、隐患排查与治理、危险源管理、安全教育培训、安全绩效考核、危险岗位作业人员管理、设备设施安全管理、环境和职业健康管理、风险管理及操作规程等规章制度。

第八条 企业安全规程和各工序、各岗位操作规程应贯彻落实国家和行业标准以及行业安全监管规定，适应企业技术进步和管理创新变化。规程编制应符合国家标准化等要求。

第九条 操作岗位醒目位置处应张贴岗位操作要点，工（库）房入口区域应张贴与工序相适应的安全管理要点和应急避险路线图。

第四章 区域管理基本要求

第十条 企业应划分生产、行政、辅助和生活等区域，并有清晰的分区界线和明确的管理制度，鼓励采用信息化和智能化技术实现区域安全巡查。

危险品生产区、总仓库区应保持环境整洁，标识清晰规范，道路平整硬化，安全通道合理畅通。危险品生产区和总仓库区应设置有效隔离及门卫；起爆器材类生产区与工业炸药类生产区应设置有效隔离及门卫。

第十一条　企业应制定并严格执行出入登记、检查制度，设置明确的警示告知标牌，鼓励应用智能化门禁系统。进入生产区、试验（销毁）区和总仓库区的人员必须穿戴纯棉质或防静电衣、帽、鞋（雷管区域必须穿防静电鞋），不得携带烟火、移动通讯工具。

企业应对进入危险区域的外来人员进行安全告知，配备专用证牌和衣、帽、鞋，由专人引导和陪同。

第十二条　安全生产管理人员和生产作业人员的工作服应有明显的区别标志。同一生产区存在工业炸药类和起爆器材类生产线时，不同生产区域的工作人员应配发有明显颜色区别的衣帽。

第十三条　企业应对承担施工项目单位的合法性、技术水平和安全条件进行审核确认并签订安全管理协议，对施工人员进行专题安全培训。工（库）房生产作业时，其安全距离范围内严禁施工。

第五章　作业现场管理基本要求

第十四条　企业应建立健全危险源标识管理制度，按照民爆危险源标识标准和企业生产经营实际，在危险源附近设置危险源标识牌。标识内容应包括危险源名称、危险等级、有害因素和危害程度等。

第十五条　企业定员定量定置应严格执行行业相关规定，现场管理应按照整理、整顿、清扫、清洁、素养、安全等要求组织实施，生产现场不得存在"跑、冒、滴、漏"现象，并应及时清理浮药、残药。鼓励创新和采用先进安全管理模式，积极应用信息化手段提高企业现场管理水平。

第十六条　企业应确保生产现场防雷、防爆、防静电等相关安全防护措施齐全有效，并定期进行检查检验；生产线超温、超压、

— 41 —

断流等安全连锁装置应每月进行全系统实测和有效性验证，消防雨淋设施应每半年进行一次有效性验证。

第六章 工艺技术及设备管理基本要求

第十七条 企业应按照行业技术进步和节能减排等相关要求，积极采用先进、适用的工艺技术及设备，禁止使用国家明令淘汰的生产工艺技术和装备。工艺技术及生产设备设施应符合行业技术标准规范及监管要求。

第十八条 企业应保证生产设备正常运转，确保检修周期内无故障运行。要进一步完善设备维修制度，严格维修程序和设备维修维护档案管理，生产设备应每周组织一次检查维修，生产线每半年组织一次全系统检查维修。

第十九条 企业应建立健全专用生产设备管理制度，不得擅自更改生产线专用生产设备结构、功能及技术参数，不得在生产线上进行设备试验。

第七章 风险管控基本要求

第二十条 企业要定期开展安全生产风险评估工作，对各类潜在危险因素进行辨识和评估，及时提出针对性的对策措施，并建立健全风险评估档案，包括企业主要风险因素、安全生产事故、员工工作状态、周边及社会影响因素等内容。

第二十一条 企业要严格执行隐患排查与治理相关制度，对安全隐患实施闭环管理，采用"危险点巡视卡"等科学有效的安全管理手段，提升隐患排查治理效果。

第二十二条 企业应加强危险源动态管理，要针对技术进步、工艺调整、设备更新等因素带来的风险，及时对危险源进行评估判别并相应调整管控措施。

第二十三条 企业应制定并落实符合行业要求的生产安全事故应急预案,包括综合应急预案、专项应急预案和现场处置方案。现场处置方案应包括应对设备故障、动力系统异常等突发情况的专项措施。生产区域应按照预案要求,清晰设置疏散路线、避险场所等应急标识。

第二十四条 企业应建立健全应急报警、紧急停机的相关制度,根据工艺技术和实际管理水平,在主要工序设置手动应急报警按钮,在关键危险工序设置紧急停机装置。

第八章 岗位培训基本要求

第二十五条 企业应健全和完善与生产工艺相适应的培训制度,积极改进培训方式方法,突出岗位技能操作培训,提高培训实效;应根据工序安全生产特点、岗位要求及员工素质等,充实相关培训内容,强化员工的危险源辨识、故障排除、应急处置等技能。

第二十六条 企业采用新技术、新工艺、新产品、新设备、新材料时,应及时开展专项培训,加强实际操作演练,严格现场技能考核。

第二十七条 特种作业人员应按照国家有关规定进行培训并取得特种作业操作资格证书;监控室操作人员、专用设备维修人员等必须经过企业专题培训,熟练掌握工艺流程、工艺技术特点、自动化控制等相关知识和技能。

附 则

第二十八条 企业应按照《民用爆炸物品企业安全生产标准化管理考评标准》进行自查和考评。

第二十九条 本通则自发布之日起实施,由工业和信息化部负责解释。

中华人民共和国特种设备安全法

中华人民共和国主席令
第四号

《中华人民共和国特种设备安全法》已由中华人民共和国第十二届全国人民代表大会常务委员会第三次会议于 2013 年 6 月 29 日通过，现予公布，自 2014 年 1 月 1 日起施行。

中华人民共和国主席　习近平
2013 年 6 月 29 日

第一章　总　则

第一条　为了加强特种设备安全工作，预防特种设备事故，保障人身和财产安全，促进经济社会发展，制定本法。

第二条　特种设备的生产（包括设计、制造、安装、改造、修理）、经营、使用、检验、检测和特种设备安全的监督管理，适用本法。

本法所称特种设备，是指对人身和财产安全有较大危险性的锅炉、压力容器（含气瓶）、压力管道、电梯、起重机械、客运索道、大型游乐设施、场（厂）内专用机动车辆，以及法律、行政法规规定适用本法的其他特种设备。

国家对特种设备实行目录管理。特种设备目录由国务院负责特种设备安全监督管理的部门制定，报国务院批准后执行。

第三条 特种设备安全工作应当坚持安全第一、预防为主、节能环保、综合治理的原则。

第四条 国家对特种设备的生产、经营、使用，实施分类的、全过程的安全监督管理。

第五条 国务院负责特种设备安全监督管理的部门对全国特种设备安全实施监督管理。县级以上地方各级人民政府负责特种设备安全监督管理的部门对本行政区域内特种设备安全实施监督管理。

第六条 国务院和地方各级人民政府应当加强对特种设备安全工作的领导，督促各有关部门依法履行监督管理职责。

县级以上地方各级人民政府应当建立协调机制，及时协调、解决特种设备安全监督管理中存在的问题。

第七条 特种设备生产、经营、使用单位应当遵守本法和其他有关法律、法规，建立、健全特种设备安全和节能责任制度，加强特种设备安全和节能管理，确保特种设备生产、经营、使用安全，符合节能要求。

第八条 特种设备生产、经营、使用、检验、检测应当遵守有关特种设备安全技术规范及相关标准。

特种设备安全技术规范由国务院负责特种设备安全监督管理的部门制定。

第九条 特种设备行业协会应当加强行业自律，推进行业诚信体系建设，提高特种设备安全管理水平。

第十条 国家支持有关特种设备安全的科学技术研究，鼓励先进技术和先进管理方法的推广应用，对做出突出贡献的单位和个人给予奖励。

第十一条 负责特种设备安全监督管理的部门应当加强特种设备安全宣传教育，普及特种设备安全知识，增强社会公众的特种设备安全意识。

第十二条 任何单位和个人有权向负责特种设备安全监督管理的部门和有关部门举报涉及特种设备安全的违法行为，接到举报的部门应当及时处理。

第二章 生产、经营、使用

第一节 一般规定

第十三条 特种设备生产、经营、使用单位及其主要负责人对其生产、经营、使用的特种设备安全负责。

特种设备生产、经营、使用单位应当按照国家有关规定配备特种设备安全管理人员、检测人员和作业人员，并对其进行必要的安全教育和技能培训。

第十四条 特种设备安全管理人员、检测人员和作业人员应当按照国家有关规定取得相应资格，方可从事相关工作。特种设备安全管理人员、检测人员和作业人员应当严格执行安全技术规范和管理制度，保证特种设备安全。

第十五条 特种设备生产、经营、使用单位对其生产、经营、使用的特种设备应当进行自行检测和维护保养，对国家规定实行检验的特种设备应当及时申报并接受检验。

第十六条 特种设备采用新材料、新技术、新工艺，与安全技术规范的要求不一致，或者安全技术规范未作要求、可能对安全性能有重大影响的，应当向国务院负责特种设备安全监督管理的部门申报，由国务院负责特种设备安全监督管理的部门及时委托安全技术咨询机构或者相关专业机构进行技术评审，评审结果经国务院负责特种设备安全监督管理的部门批准，方可投入生产、使用。

国务院负责特种设备安全监督管理的部门应当将允许使用的新材料、新技术、新工艺的有关技术要求，及时纳入安全技术规范。

第十七条 国家鼓励投保特种设备安全责任保险。

第二节 生 产

第十八条 国家按照分类监督管理的原则对特种设备生产实行许可制度。特种设备生产单位应当具备下列条件,并经负责特种设备安全监督管理的部门许可,方可从事生产活动:

(一) 有与生产相适应的专业技术人员;

(二) 有与生产相适应的设备、设施和工作场所;

(三) 有健全的质量保证、安全管理和岗位责任等制度。

第十九条 特种设备生产单位应当保证特种设备生产符合安全技术规范及相关标准的要求,对其生产的特种设备的安全性能负责。不得生产不符合安全性能要求和能效指标以及国家明令淘汰的特种设备。

第二十条 锅炉、气瓶、氧舱、客运索道、大型游乐设施的设计文件,应当经负责特种设备安全监督管理的部门核准的检验机构鉴定,方可用于制造。

特种设备产品、部件或者试制的特种设备新产品、新部件以及特种设备采用的新材料,按照安全技术规范的要求需要通过型式试验进行安全性验证的,应当经负责特种设备安全监督管理的部门核准的检验机构进行型式试验。

第二十一条 特种设备出厂时,应当随附安全技术规范要求的设计文件、产品质量合格证明、安装及使用维护保养说明、监督检验证明等相关技术资料和文件,并在特种设备显著位置设置产品铭牌、安全警示标志及其说明。

第二十二条 电梯的安装、改造、修理,必须由电梯制造单位或者其委托的依照本法取得相应许可的单位进行。电梯制造单位委托其他单位进行电梯安装、改造、修理的,应当对其安装、改造、修理进行安全指导和监控,并按照安全技术规范的要求进行校验和调试。电梯制造单位对电梯安全性能负责。

第二十三条 特种设备安装、改造、修理的施工单位应当在施工前将拟进行的特种设备安装、改造、修理情况书面告知直辖市或者设区的市级人民政府负责特种设备安全监督管理的部门。

第二十四条 特种设备安装、改造、修理竣工后，安装、改造、修理的施工单位应当在验收后三十日内将相关技术资料和文件移交特种设备使用单位。特种设备使用单位应当将其存入该特种设备的安全技术档案。

第二十五条 锅炉、压力容器、压力管道元件等特种设备的制造过程和锅炉、压力容器、压力管道、电梯、起重机械、客运索道、大型游乐设施的安装、改造、重大修理过程，应当经特种设备检验机构按照安全技术规范的要求进行监督检验；未经监督检验或者监督检验不合格的，不得出厂或者交付使用。

第二十六条 国家建立缺陷特种设备召回制度。因生产原因造成特种设备存在危及安全的同一性缺陷的，特种设备生产单位应当立即停止生产，主动召回。

国务院负责特种设备安全监督管理的部门发现特种设备存在应当召回而未召回的情形时，应当责令特种设备生产单位召回。

第三节 经 营

第二十七条 特种设备销售单位销售的特种设备，应当符合安全技术规范及相关标准的要求，其设计文件、产品质量合格证明、安装及使用维护保养说明、监督检验证明等相关技术资料和文件应当齐全。

特种设备销售单位应当建立特种设备检查验收和销售记录制度。

禁止销售未取得许可生产的特种设备，未经检验和检验不合格的特种设备，或者国家明令淘汰和已经报废的特种设备。

第二十八条 特种设备出租单位不得出租未取得许可生产的特种设备或者国家明令淘汰和已经报废的特种设备，以及未按照安全技术规范的要求进行维护保养和未经检验或者检验不合格的特种设备。

第二十九条 特种设备在出租期间的使用管理和维护保养义务

由特种设备出租单位承担，法律另有规定或者当事人另有约定的除外。

第三十条 进口的特种设备应当符合我国安全技术规范的要求，并经检验合格；需要取得我国特种设备生产许可的，应当取得许可。

进口特种设备随附的技术资料和文件应当符合本法第二十一条的规定，其安装及使用维护保养说明、产品铭牌、安全警示标志及其说明应当采用中文。

特种设备的进出口检验，应当遵守有关进出口商品检验的法律、行政法规。

第三十一条 进口特种设备，应当向进口地负责特种设备安全监督管理的部门履行提前告知义务。

第四节 使 用

第三十二条 特种设备使用单位应当使用取得许可生产并经检验合格的特种设备。

禁止使用国家明令淘汰和已经报废的特种设备。

第三十三条 特种设备使用单位应当在特种设备投入使用前或者投入使用后三十日内，向负责特种设备安全监督管理的部门办理使用登记，取得使用登记证书。登记标志应当置于该特种设备的显著位置。

第三十四条 特种设备使用单位应当建立岗位责任、隐患治理、应急救援等安全管理制度，制定操作规程，保证特种设备安全运行。

第三十五条 特种设备使用单位应当建立特种设备安全技术档案。安全技术档案应当包括以下内容：

（一）特种设备的设计文件、产品质量合格证明、安装及使用维护保养说明、监督检验证明等相关技术资料和文件；

（二）特种设备的定期检验和定期自行检查记录；

（三）特种设备的日常使用状况记录；

（四）特种设备及其附属仪器仪表的维护保养记录；

（五）特种设备的运行故障和事故记录。

第三十六条　电梯、客运索道、大型游乐设施等为公众提供服务的特种设备的运营使用单位，应当对特种设备的使用安全负责，设置特种设备安全管理机构或者配备专职的特种设备安全管理人员；其他特种设备使用单位，应当根据情况设置特种设备安全管理机构或者配备专职、兼职的特种设备安全管理人员。

第三十七条　特种设备的使用应当具有规定的安全距离、安全防护措施。

与特种设备安全相关的建筑物、附属设施，应当符合有关法律、行政法规的规定。

第三十八条　特种设备属于共有的，共有人可以委托物业服务单位或者其他管理人管理特种设备，受托人履行本法规定的特种设备使用单位的义务，承担相应责任。共有人未委托的，由共有人或者实际管理人履行管理义务，承担相应责任。

第三十九条　特种设备使用单位应当对其使用的特种设备进行经常性维护保养和定期自行检查，并作出记录。

特种设备使用单位应当对其使用的特种设备的安全附件、安全保护装置进行定期校验、检修，并作出记录。

第四十条　特种设备使用单位应当按照安全技术规范的要求，在检验合格有效期届满前一个月向特种设备检验机构提出定期检验要求。

特种设备检验机构接到定期检验要求后，应当按照安全技术规范的要求及时进行安全性能检验。特种设备使用单位应当将定期检验标志置于该特种设备的显著位置。

未经定期检验或者检验不合格的特种设备，不得继续使用。

第四十一条　特种设备安全管理人员应当对特种设备使用状况进行经常性检查，发现问题应当立即处理；情况紧急时，可以决定停止使用特种设备并及时报告本单位有关负责人。

特种设备作业人员在作业过程中发现事故隐患或者其他不安全

因素，应当立即向特种设备安全管理人员和单位有关负责人报告；特种设备运行不正常时，特种设备作业人员应当按照操作规程采取有效措施保证安全。

第四十二条 特种设备出现故障或者发生异常情况，特种设备使用单位应当对其进行全面检查，消除事故隐患，方可继续使用。

第四十三条 客运索道、大型游乐设施在每日投入使用前，其运营使用单位应当进行试运行和例行安全检查，并对安全附件和安全保护装置进行检查确认。

电梯、客运索道、大型游乐设施的运营使用单位应当将电梯、客运索道、大型游乐设施的安全使用说明、安全注意事项和警示标志置于易于为乘客注意的显著位置。

公众乘坐或者操作电梯、客运索道、大型游乐设施，应当遵守安全使用说明和安全注意事项的要求，服从有关工作人员的管理和指挥；遇有运行不正常时，应当按照安全指引，有序撤离。

第四十四条 锅炉使用单位应当按照安全技术规范的要求进行锅炉水（介）质处理，并接受特种设备检验机构的定期检验。

从事锅炉清洗，应当按照安全技术规范的要求进行，并接受特种设备检验机构的监督检验。

第四十五条 电梯的维护保养应当由电梯制造单位或者依照本法取得许可的安装、改造、修理单位进行。

电梯的维护保养单位应当在维护保养中严格执行安全技术规范的要求，保证其维护保养的电梯的安全性能，并负责落实现场安全防护措施，保证施工安全。

电梯的维护保养单位应当对其维护保养的电梯的安全性能负责；接到故障通知后，应当立即赶赴现场，并采取必要的应急救援措施。

第四十六条 电梯投入使用后，电梯制造单位应当对其制造的电梯的安全运行情况进行跟踪调查和了解，对电梯的维护保养单位或者使用单位在维护保养和安全运行方面存在的问题，提出改进建议，并提供必要的技术帮助；发现电梯存在严重事故隐患时，应当及时告知电梯使用单位,并向负责特种设备安全监督管理的部门报告。电梯制造单位对调查和了解的情况,应当作出记录。

第四十七条 特种设备进行改造、修理,按照规定需要变更使用登记的,应当办理变更登记,方可继续使用。

第四十八条 特种设备存在严重事故隐患,无改造、修理价值,或者达到安全技术规范规定的其他报废条件的,特种设备使用单位应当依法履行报废义务,采取必要措施消除该特种设备的使用功能,并向原登记的负责特种设备安全监督管理的部门办理使用登记证书注销手续。

前款规定报废条件以外的特种设备,达到设计使用年限可以继续使用的,应当按照安全技术规范的要求通过检验或者安全评估,并办理使用登记证书变更,方可继续使用。允许继续使用的,应当采取加强检验、检测和维护保养等措施,确保使用安全。

第四十九条 移动式压力容器、气瓶充装单位,应当具备下列条件,并经负责特种设备安全监督管理的部门许可,方可从事充装活动:

(一)有与充装和管理相适应的管理人员和技术人员;

(二)有与充装和管理相适应的充装设备、检测手段、场地厂房、器具、安全设施;

(三)有健全的充装管理制度、责任制度、处理措施。

充装单位应当建立充装前后的检查、记录制度,禁止对不符合安全技术规范要求的移动式压力容器和气瓶进行充装。

气瓶充装单位应当向气体使用者提供符合安全技术规范要求的气瓶,对气体使用者进行气瓶安全使用指导,并按照安全技术规范的要求办理气瓶使用登记,及时申报定期检验。

第三章　检验、检测

第五十条 从事本法规定的监督检验、定期检验的特种设备检验机构,以及为特种设备生产、经营、使用提供检测服务的特种设

备检测机构,应当具备下列条件,并经负责特种设备安全监督管理的部门核准,方可从事检验、检测工作:

(一)有与检验、检测工作相适应的检验、检测人员;

(二)有与检验、检测工作相适应的检验、检测仪器和设备;

(三)有健全的检验、检测管理制度和责任制度。

第五十一条 特种设备检验、检测机构的检验、检测人员应当经考核,取得检验、检测人员资格,方可从事检验、检测工作。

特种设备检验、检测机构的检验、检测人员不得同时在两个以上检验、检测机构中执业;变更执业机构的,应当依法办理变更手续。

第五十二条 特种设备检验、检测工作应当遵守法律、行政法规的规定,并按照安全技术规范的要求进行。

特种设备检验、检测机构及其检验、检测人员应当依法为特种设备生产、经营、使用单位提供安全、可靠、便捷、诚信的检验、检测服务。

第五十三条 特种设备检验、检测机构及其检验、检测人员应当客观、公正、及时地出具检验、检测报告,并对检验、检测结果和鉴定结论负责。

特种设备检验、检测机构及其检验、检测人员在检验、检测中发现特种设备存在严重事故隐患时,应当及时告知相关单位,并立即向负责特种设备安全监督管理的部门报告。

负责特种设备安全监督管理的部门应当组织对特种设备检验、检测机构的检验、检测结果和鉴定结论进行监督抽查,但应当防止重复抽查。监督抽查结果应当向社会公布。

第五十四条 特种设备生产、经营、使用单位应当按照安全技术规范的要求向特种设备检验、检测机构及其检验、检测人员提供特种设备相关资料和必要的检验、检测条件,并对资料的真实性负责。

第五十五条 特种设备检验、检测机构及其检验、检测人员对检验、检测过程中知悉的商业秘密,负有保密义务。

特种设备检验、检测机构及其检验、检测人员不得从事有关特种设备的生产、经营活动，不得推荐或者监制、监销特种设备。

第五十六条 特种设备检验机构及其检验人员利用检验工作故意刁难特种设备生产、经营、使用单位的，特种设备生产、经营、使用单位有权向负责特种设备安全监督管理的部门投诉，接到投诉的部门应当及时进行调查处理。

第四章　监督管理

第五十七条 负责特种设备安全监督管理的部门依照本法规定，对特种设备生产、经营、使用单位和检验、检测机构实施监督检查。

负责特种设备安全监督管理的部门应当对学校、幼儿园以及医院、车站、客运码头、商场、体育场馆、展览馆、公园等公众聚集场所的特种设备，实施重点安全监督检查。

第五十八条 负责特种设备安全监督管理的部门实施本法规定的许可工作，应当依照本法和其他有关法律、行政法规规定的条件和程序以及安全技术规范的要求进行审查；不符合规定的，不得许可。

第五十九条 负责特种设备安全监督管理的部门在办理本法规定的许可时，其受理、审查、许可的程序必须公开，并应当自受理申请之日起三十日内，作出许可或者不予许可的决定；不予许可的，应当书面向申请人说明理由。

第六十条 负责特种设备安全监督管理的部门对依法办理使用登记的特种设备应当建立完整的监督管理档案和信息查询系统；对达到报废条件的特种设备，应当及时督促特种设备使用单位依法履行报废义务。

第六十一条 负责特种设备安全监督管理的部门在依法履行监督检查职责时，可以行使下列职权：

（一）进入现场进行检查，向特种设备生产、经营、使用单位和检验、检测机构的主要负责人和其他有关人员调查、了解有关情况；

（二）根据举报或者取得的涉嫌违法证据，查阅、复制特种设备生产、经营、使用单位和检验、检测机构的有关合同、发票、账簿以及其他有关资料；

（三）对有证据表明不符合安全技术规范要求或者存在严重事故隐患的特种设备实施查封、扣押；

（四）对流入市场的达到报废条件或者已经报废的特种设备实施查封、扣押；

（五）对违反本法规定的行为作出行政处罚决定。

第六十二条 负责特种设备安全监督管理的部门在依法履行职责过程中，发现违反本法规定和安全技术规范要求的行为或者特种设备存在事故隐患时，应当以书面形式发出特种设备安全监察指令，责令有关单位及时采取措施予以改正或者消除事故隐患。紧急情况下要求有关单位采取紧急处置措施的，应当随后补发特种设备安全监察指令。

第六十三条 负责特种设备安全监督管理的部门在依法履行职责过程中，发现重大违法行为或者特种设备存在严重事故隐患时，应当责令有关单位立即停止违法行为、采取措施消除事故隐患，并及时向上级负责特种设备安全监督管理的部门报告。接到报告的负责特种设备安全监督管理的部门应当采取必要措施，及时予以处理。

对违法行为、严重事故隐患的处理需要当地人民政府和有关部门的支持、配合时，负责特种设备安全监督管理的部门应当报告当地人民政府，并通知其他有关部门。当地人民政府和其他有关部门应当采取必要措施，及时予以处理。

第六十四条 地方各级人民政府负责特种设备安全监督管理的部门不得要求已经依照本法规定在其他地方取得许可的特种设备生产单位重复取得许可，不得要求对已经依照本法规定在其他地方检验合格的特种设备重复进行检验。

第六十五条 负责特种设备安全监督管理的部门的安全监察人员应当熟悉相关法律、法规，具有相应的专业知识和工作经验，取得特种设备安全行政执法证件。

特种设备安全监察人员应当忠于职守、坚持原则、秉公执法。

负责特种设备安全监督管理的部门实施安全监督检查时，应当有二名以上特种设备安全监察人员参加，并出示有效的特种设备安全行政执法证件。

第六十六条 负责特种设备安全监督管理的部门对特种设备生产、经营、使用单位和检验、检测机构实施监督检查，应当对每次监督检查的内容、发现的问题及处理情况作出记录，并由参加监督检查的特种设备安全监察人员和被检查单位的有关负责人签字后归档。被检查单位的有关负责人拒绝签字的，特种设备安全监察人员应当将情况记录在案。

第六十七条 负责特种设备安全监督管理的部门及其工作人员不得推荐或者监制、监销特种设备；对履行职责过程中知悉的商业秘密负有保密义务。

第六十八条 国务院负责特种设备安全监督管理的部门和省、自治区、直辖市人民政府负责特种设备安全监督管理的部门应当定期向社会公布特种设备安全总体状况。

第五章 事故应急救援与调查处理

第六十九条 国务院负责特种设备安全监督管理的部门应当依法组织制定特种设备重特大事故应急预案，报国务院批准后纳入国家突发事件应急预案体系。

县级以上地方各级人民政府及其负责特种设备安全监督管理的部门应当依法组织制定本行政区域内特种设备事故应急预案，建立或者纳入相应的应急处置与救援体系。

特种设备使用单位应当制定特种设备事故应急专项预案，并定期进行应急演练。

第七十条 特种设备发生事故后,事故发生单位应当按照应急预案采取措施,组织抢救,防止事故扩大,减少人员伤亡和财产损失,保护事故现场和有关证据,并及时向事故发生地县级以上人民政府负责特种设备安全监督管理的部门和有关部门报告。

县级以上人民政府负责特种设备安全监督管理的部门接到事故报告,应当尽快核实情况,立即向本级人民政府报告,并按照规定逐级上报。必要时,负责特种设备安全监督管理的部门可以越级上报事故情况。对特别重大事故、重大事故,国务院负责特种设备安全监督管理的部门应当立即报告国务院并通报国务院安全生产监督管理部门等有关部门。

与事故相关的单位和人员不得迟报、谎报或者瞒报事故情况,不得隐匿、毁灭有关证据或者故意破坏事故现场。

第七十一条 事故发生地人民政府接到事故报告,应当依法启动应急预案,采取应急处置措施,组织应急救援。

第七十二条 特种设备发生特别重大事故,由国务院或者国务院授权有关部门组织事故调查组进行调查。

发生重大事故,由国务院负责特种设备安全监督管理的部门会同有关部门组织事故调查组进行调查。

发生较大事故,由省、自治区、直辖市人民政府负责特种设备安全监督管理的部门会同有关部门组织事故调查组进行调查。

发生一般事故,由设区的市级人民政府负责特种设备安全监督管理的部门会同有关部门组织事故调查组进行调查。

事故调查组应当依法、独立、公正开展调查,提出事故调查报告。

第七十三条 组织事故调查的部门应当将事故调查报告报本级人民政府,并报上一级人民政府负责特种设备安全监督管理的部门备案。有关部门和单位应当依照法律、行政法规的规定,追究事故责任单位和人员的责任。

事故责任单位应当依法落实整改措施，预防同类事故发生。事故造成损害的，事故责任单位应当依法承担赔偿责任。

第六章　法律责任

第七十四条　违反本法规定，未经许可从事特种设备生产活动的，责令停止生产，没收违法制造的特种设备，处十万元以上五十万元以下罚款；有违法所得的，没收违法所得；已经实施安装、改造、修理的，责令恢复原状或者责令限期由取得许可的单位重新安装、改造、修理。

第七十五条　违反本法规定，特种设备的设计文件未经鉴定，擅自用于制造的，责令改正，没收违法制造的特种设备，处五万元以上五十万元以下罚款。

第七十六条　违反本法规定，未进行型式试验的，责令限期改正；逾期未改正的，处三万元以上三十万元以下罚款。

第七十七条　违反本法规定，特种设备出厂时，未按照安全技术规范的要求随附相关技术资料和文件的，责令限期改正；逾期未改正的，责令停止制造、销售，处二万元以上二十万元以下罚款；有违法所得的，没收违法所得。

第七十八条　违反本法规定，特种设备安装、改造、修理的施工单位在施工前未书面告知负责特种设备安全监督管理的部门即行施工的，或者在验收后三十日内未将相关技术资料和文件移交特种设备使用单位的，责令限期改正；逾期未改正的，处一万元以上十万元以下罚款。

第七十九条　违反本法规定，特种设备的制造、安装、改造、重大修理以及锅炉清洗过程，未经监督检验的，责令限期改正；逾期未改正的，处五万元以上二十万元以下罚款；有违法所得的，没收违法所得；情节严重的，吊销生产许可证。

第八十条　违反本法规定，电梯制造单位有下列情形之一的，责令限期改正；逾期未改正的，处一万元以上十万元以下罚款：

（一）未按照安全技术规范的要求对电梯进行校验、调试的；

（二）对电梯的安全运行情况进行跟踪调查和了解时，发现存在严重事故隐患，未及时告知电梯使用单位并向负责特种设备安全监督管理的部门报告的。

第八十一条　违反本法规定，特种设备生产单位有下列行为之一的，责令限期改正；逾期未改正的，责令停止生产，处五万元以上五十万元以下罚款；情节严重的，吊销生产许可证：

（一）不再具备生产条件、生产许可证已经过期或者超出许可范围生产的；

（二）明知特种设备存在同一性缺陷，未立即停止生产并召回的。

违反本法规定，特种设备生产单位生产、销售、交付国家明令淘汰的特种设备的，责令停止生产、销售，没收违法生产、销售、交付的特种设备，处三万元以上三十万元以下罚款；有违法所得的，没收违法所得。

特种设备生产单位涂改、倒卖、出租、出借生产许可证的，责令停止生产，处五万元以上五十万元以下罚款；情节严重的，吊销生产许可证。

第八十二条　违反本法规定，特种设备经营单位有下列行为之一的，责令停止经营，没收违法经营的特种设备，处三万元以上三十万元以下罚款；有违法所得的，没收违法所得：

（一）销售、出租未取得许可生产，未经检验或者检验不合格的特种设备的；

（二）销售、出租国家明令淘汰、已经报废的特种设备，或者未按照安全技术规范的要求进行维护保养的特种设备的。

违反本法规定，特种设备销售单位未建立检查验收和销售记录制度，或者进口特种设备未履行提前告知义务的，责令改正，处一万元以上十万元以下罚款。

特种设备生产单位销售、交付未经检验或者检验不合格的特种设备的，依照本条第一款规定处罚；情节严重的，吊销生产许可证。

第八十三条 违反本法规定，特种设备使用单位有下列行为之一的，责令限期改正；逾期未改正的，责令停止使用有关特种设备，处一万元以上十万元以下罚款：

（一）使用特种设备未按照规定办理使用登记的；

（二）未建立特种设备安全技术档案或者安全技术档案不符合规定要求，或者未依法设置使用登记标志、定期检验标志的；

（三）未对其使用的特种设备进行经常性维护保养和定期自行检查，或者未对其使用的特种设备的安全附件、安全保护装置进行定期校验、检修，并作出记录的；

（四）未按照安全技术规范的要求及时申报并接受检验的；

（五）未按照安全技术规范的要求进行锅炉水（介）质处理的；

（六）未制定特种设备事故应急专项预案的。

第八十四条 违反本法规定，特种设备使用单位有下列行为之一的，责令停止使用有关特种设备，处三万元以上三十万元以下罚款：

（一）使用未取得许可生产，未经检验或者检验不合格的特种设备，或者国家明令淘汰、已经报废的特种设备的；

（二）特种设备出现故障或者发生异常情况，未对其进行全面检查、消除事故隐患，继续使用的；

（三）特种设备存在严重事故隐患，无改造、修理价值，或者达到安全技术规范规定的其他报废条件，未依法履行报废义务，并办理使用登记证书注销手续的。

第八十五条 违反本法规定，移动式压力容器、气瓶充装单位有下列行为之一的，责令改正，处二万元以上二十万元以下罚款；情节严重的，吊销充装许可证：

（一）未按照规定实施充装前后的检查、记录制度的；

（二）对不符合安全技术规范要求的移动式压力容器和气瓶进

行充装的。

违反本法规定，未经许可，擅自从事移动式压力容器或者气瓶充装活动的，予以取缔，没收违法充装的气瓶，处十万元以上五十万元以下罚款；有违法所得的，没收违法所得。

第八十六条 违反本法规定，特种设备生产、经营、使用单位有下列情形之一的，责令限期改正；逾期未改正的，责令停止使用有关特种设备或者停产停业整顿，处一万元以上五万元以下罚款：

（一）未配备具有相应资格的特种设备安全管理人员、检测人员和作业人员的；

（二）使用未取得相应资格的人员从事特种设备安全管理、检测和作业的；

（三）未对特种设备安全管理人员、检测人员和作业人员进行安全教育和技能培训的。

第八十七条 违反本法规定，电梯、客运索道、大型游乐设施的运营使用单位有下列情形之一的，责令限期改正；逾期未改正的，责令停止使用有关特种设备或者停产停业整顿，处二万元以上十万元以下罚款：

（一）未设置特种设备安全管理机构或者配备专职的特种设备安全管理人员的；

（二）客运索道、大型游乐设施每日投入使用前，未进行试运行和例行安全检查，未对安全附件和安全保护装置进行检查确认的；

（三）未将电梯、客运索道、大型游乐设施的安全使用说明、安全注意事项和警示标志置于易于为乘客注意的显著位置的。

第八十八条 违反本法规定，未经许可，擅自从事电梯维护保养的，责令停止违法行为，处一万元以上十万元以下罚款；有违法所得的，没收违法所得。

电梯的维护保养单位未按照本法规定以及安全技术规范的要求，进行电梯维护保养的，依照前款规定处罚。

第八十九条 发生特种设备事故，有下列情形之一的，对单位处五万元以上二十万元以下罚款；对主要负责人处一万元以上五万元以下罚款；主要负责人属于国家工作人员的，并依法给予处分：

（一）发生特种设备事故时，不立即组织抢救或者在事故调查处理期间擅离职守或者逃匿的；

（二）对特种设备事故迟报、谎报或者瞒报的。

第九十条 发生事故，对负有责任的单位除要求其依法承担相应的赔偿等责任外，依照下列规定处以罚款：

（一）发生一般事故，处十万元以上二十万元以下罚款；

（二）发生较大事故，处二十万元以上五十万元以下罚款；

（三）发生重大事故，处五十万元以上二百万元以下罚款。

第九十一条 对事故发生负有责任的单位的主要负责人未依法履行职责或者负有领导责任的，依照下列规定处以罚款；属于国家工作人员的，并依法给予处分：

（一）发生一般事故，处上一年年收入百分之三十的罚款；

（二）发生较大事故，处上一年年收入百分之四十的罚款；

（三）发生重大事故，处上一年年收入百分之六十的罚款。

第九十二条 违反本法规定，特种设备安全管理人员、检测人员和作业人员不履行岗位职责，违反操作规程和有关安全规章制度，造成事故的，吊销相关人员的资格。

第九十三条 违反本法规定，特种设备检验、检测机构及其检验、检测人员有下列行为之一的，责令改正，对机构处五万元以上二十万元以下罚款，对直接负责的主管人员和其他直接责任人员处五千元以上五万元以下罚款；情节严重的，吊销机构资质和有关人员的资格：

（一）未经核准或者超出核准范围、使用未取得相应资格的人员从事检验、检测的；

（二）未按照安全技术规范的要求进行检验、检测的；

（三）出具虚假的检验、检测结果和鉴定结论或者检验、检测

结果和鉴定结论严重失实的;

（四）发现特种设备存在严重事故隐患，未及时告知相关单位，并立即向负责特种设备安全监督管理的部门报告的;

（五）泄露检验、检测过程中知悉的商业秘密的;

（六）从事有关特种设备的生产、经营活动的;

（七）推荐或者监制、监销特种设备的;

（八）利用检验工作故意刁难相关单位的。

违反本法规定，特种设备检验、检测机构的检验、检测人员同时在两个以上检验、检测机构中执业的，处五千元以上五万元以下罚款;情节严重的，吊销其资格。

第九十四条 违反本法规定，负责特种设备安全监督管理的部门及其工作人员有下列行为之一的，由上级机关责令改正;对直接负责的主管人员和其他直接责任人员，依法给予处分:

（一）未依照法律、行政法规规定的条件、程序实施许可的;

（二）发现未经许可擅自从事特种设备的生产、使用或者检验、检测活动不予取缔或者不依法予以处理的;

（三）发现特种设备生产单位不再具备本法规定的条件而不吊销其许可证，或者发现特种设备生产、经营、使用违法行为不予查处的;

（四）发现特种设备检验、检测机构不再具备本法规定的条件而不撤销其核准，或者对其出具虚假的检验、检测结果和鉴定结论或者检验、检测结果和鉴定结论严重失实的行为不予查处的;

（五）发现违反本法规定和安全技术规范要求的行为或者特种设备存在事故隐患，不立即处理的;

（六）发现重大违法行为或者特种设备存在严重事故隐患，未及时向上级负责特种设备安全监督管理的部门报告，或者接到报告的负责特种设备安全监督管理的部门不立即处理的;

（七）要求已经依照本法规定在其他地方取得许可的特种设备生产单位重复取得许可，或者要求对已经依照本法规定在其他地方

检验合格的特种设备重复进行检验的;

（八）推荐或者监制、监销特种设备的;

（九）泄露履行职责过程中知悉的商业秘密的;

（十）接到特种设备事故报告未立即向本级人民政府报告，并按照规定上报的;

（十一）迟报、漏报、谎报或者瞒报事故的;

（十二）妨碍事故救援或者事故调查处理的;

（十三）其他滥用职权、玩忽职守、徇私舞弊的行为。

第九十五条 违反本法规定，特种设备生产、经营、使用单位或者检验、检测机构拒不接受负责特种设备安全监督管理的部门依法实施的监督检查的，责令限期改正;逾期未改正的，责令停产停业整顿，处二万元以上二十万元以下罚款。

特种设备生产、经营、使用单位擅自动用、调换、转移、损毁被查封、扣押的特种设备或者其主要部件的，责令改正，处五万元以上二十万元以下罚款;情节严重的，吊销生产许可证，注销特种设备使用登记证书。

第九十六条 违反本法规定，被依法吊销许可证的，自吊销许可证之日起三年内，负责特种设备安全监督管理的部门不予受理其新的许可申请。

第九十七条 违反本法规定，造成人身、财产损害的，依法承担民事责任。

违反本法规定，应当承担民事赔偿责任和缴纳罚款、罚金，其财产不足以同时支付时，先承担民事赔偿责任。

第九十八条 违反本法规定，构成违反治安管理行为的，依法给予治安管理处罚;构成犯罪的，依法追究刑事责任。

第七章 附 则

第九十九条 特种设备行政许可、检验的收费，依照法律、行政法规的规定执行。

第一百条 军事装备、核设施、航空航天器使用的特种设备安全的监督管理不适用本法。

铁路机车、海上设施和船舶、矿山井下使用的特种设备以及民用机场专用设备安全的监督管理，房屋建筑工地、市政工程工地用起重机械和场（厂）内专用机动车辆的安装、使用的监督管理，由有关部门依照本法和其他有关法律的规定实施。

第一百零一条 本法自2014年1月1日起施行。

附　录

特种设备事故报告和调查处理规定

国家质量监督检验检疫总局令

第 115 号

《特种设备事故报告和调查处理规定》经 2009 年 5 月 26 日国家质量监督检验检疫总局局务会议审议通过，现予公布，自公布之日起施行。2001 年 9 月 17 日国家质量监督检验检疫总局公布的《锅炉压力容器压力管道特种设备事故处理规定》同时废止。

国家质量监督检验检疫总局局长

二〇〇九年七月三日

第一章　总　则

第一条　为了规范特种设备事故报告和调查处理工作，及时准确查清事故原因，严格追究事故责任，防止和减少同类事故重复发生，根据《特种设备安全监察条例》和《生产安全事故报告和调查处理条例》，制定本规定。

第二条　特种设备制造、安装、改造、维修、使用（含移动式压力容器、气瓶充装）、检验检测活动中发生的特种设备事故，其报告、调查和处理工作适用本规定。

第三条　国家质量监督检验检疫总局（以下简称国家质检总

局）主管全国特种设备事故报告、调查和处理工作，县以上地方质量技术监督部门负责本行政区域内的特种设备事故报告、调查和处理工作。

第四条 事故报告应当及时、准确、完整，任何单位和个人对事故不得迟报、漏报、谎报或者瞒报。

事故调查和处理工作必须坚持实事求是、客观公正、尊重科学的原则，及时、准确地查清事故经过、事故原因和事故损失，查明事故性质，认定事故责任，提出处理和整改措施，并对事故责任单位和责任人员依法追究责任。

第五条 任何单位和个人不得阻挠和干涉特种设备事故报告、调查和处理工作。

对事故报告、调查和处理中的违法行为，任何单位和个人有权向各级质量技术监督部门或者有关部门举报。接到举报的部门应当依法及时处理。

第二章 事故定义、分级和界定

第六条 本规定所称特种设备事故，是指因特种设备的不安全状态或者相关人员的不安全行为，在特种设备制造、安装、改造、维修、使用（含移动式压力容器、气瓶充装）、检验检测活动中造成的人员伤亡、财产损失、特种设备严重损坏或者中断运行、人员滞留、人员转移等突发事件。

第七条 按照《特种设备安全监察条例》的规定，特种设备事故分为特别重大事故、重大事故、较大事故和一般事故。

第八条 下列情形不属于特种设备事故：

（一）因自然灾害、战争等不可抗力引发的；

（二）通过人为破坏或者利用特种设备等方式实施违法犯罪活动或者自杀的；

（三）特种设备作业人员、检验检测人员因劳动保护措施缺失或者保护不当而发生坠落、中毒、窒息等情形的。

第九条 因交通事故、火灾事故引发的与特种设备相关的事故，由质量技术监督部门配合有关部门进行调查处理。经调查，该事故的发生与特种设备本身或者相关作业人员无关的，不作为特种设备事故。

非承压锅炉、非压力容器发生事故，不属于特种设备事故。但经本级人民政府指定，质量技术监督部门可以参照本规定组织进行事故调查处理。

房屋建筑工地和市政工程工地用的起重机械、场（厂）内专用机动车辆，在其安装、使用过程中发生的事故，不属于质量技术监督部门组织调查处理的特种设备事故。

第三章 事故报告

第十条 发生特种设备事故后，事故现场有关人员应当立即向事故发生单位负责人报告；事故发生单位的负责人接到报告后，应当于1小时内向事故发生地的县以上质量技术监督部门和有关部门报告。

情况紧急时，事故现场有关人员可以直接向事故发生地的县以上质量技术监督部门报告。

第十一条 接到事故报告的质量技术监督部门，应当尽快核实有关情况，依照《特种设备安全监察条例》的规定，立即向本级人民政府报告，并逐级报告上级质量技术监督部门直至国家质检总局。质量技术监督部门每级上报的时间不得超过2小时。必要时，可以越级上报事故情况。

对于特别重大事故、重大事故，由国家质检总局报告国务院并通报国务院安全生产监督管理等有关部门。对较大事故、一般事故，由接到事故报告的质量技术监督部门及时通报同级有关部门。

对事故发生地与事故发生单位所在地不在同一行政区域的，事故发生地质量技术监督部门应当及时通知事故发生单位所在地质量技术监督部门。事故发生单位所在地质量技术监督部门应当做好事故调查处理的相关配合工作。

第十二条 报告事故应当包括以下内容：

（一）事故发生的时间、地点、单位概况以及特种设备种类；

（二）事故发生初步情况，包括事故简要经过、现场破坏情况、已经造成或者可能造成的伤亡和涉险人数、初步估计的直接经济损失、初步确定的事故等级、初步判断的事故原因；

（三）已经采取的措施；

（四）报告人姓名、联系电话；

（五）其他有必要报告的情况。

第十三条 质量技术监督部门逐级报告事故情况，应当采用传真或者电子邮件的方式进行快报，并在发送传真或者电子邮件后予以电话确认。

特殊情况下可以直接采用电话方式报告事故情况，但应当在24小时内补报文字材料。

第十四条 报告事故后出现新情况的，以及对事故情况尚未报告清楚的，应当及时逐级续报。

续报内容应当包括：事故发生单位详细情况、事故详细经过、设备失效形式和损坏程度、事故伤亡或者涉险人数变化情况、直接经济损失、防止发生次生灾害的应急处置措施和其他有必要报告的情况等。

自事故发生之日起30日内，事故伤亡人数发生变化的，有关单位应当在发生变化的当日及时补报或者续报。

第十五条 事故发生单位的负责人接到事故报告后，应当立即启动事故应急预案，采取有效措施，组织抢救，防止事故扩大，减少人员伤亡和财产损失。

质量技术监督部门接到事故报告后，应当按照特种设备事故应急预案的分工，在当地人民政府的领导下积极组织开展事故应急救援工作。

第十六条 对本规定第八条、第九条规定的情形,各级质量技术监督部门应当作为特种设备相关事故信息予以收集,并参照本规定逐级上报直至国家质检总局。

第十七条 各级质量技术监督部门应当建立特种设备应急值班制度,向社会公布值班电话,受理事故报告和事故举报。

第四章 事故调查

第十八条 发生特种设备事故后,事故发生单位及其人员应当妥善保护事故现场以及相关证据,及时收集、整理有关资料,为事故调查做好准备;必要时,应当对设备、场地、资料进行封存,由专人看管。

因抢救人员、防止事故扩大以及疏通交通等原因,需要移动事故现场物件的,负责移动的单位或者相关人员应当做出标志,绘制现场简图并做出书面记录,妥善保存现场重要痕迹、物证。有条件的,应当现场制作视听资料。

事故调查期间,任何单位和个人不得擅自移动事故相关设备,不得毁灭相关资料、伪造或者故意破坏事故现场。

第十九条 质量技术监督部门接到事故报告后,经现场初步判断,发现不属于或者无法确定为特种设备事故的,应当及时报告本级人民政府,由本级人民政府或者其授权或者委托的部门组织事故调查组进行调查。

第二十条 依照《特种设备安全监察条例》的规定,特种设备事故分别由以下部门组织调查:

(一)特别重大事故由国务院或者国务院授权的部门组织事故调查组进行调查;

(二)重大事故由国家质检总局会同有关部门组织事故调查组进行调查;

(三)较大事故由事故发生地省级质量技术监督部门会同省级有关部门组织事故调查组进行调查;

（四）一般事故由事故发生地设区的市级质量技术监督部门会同市级有关部门组织事故调查组进行调查。

根据事故调查处理工作的需要，负责组织事故调查的质量技术监督部门可以依法提请事故发生地人民政府及有关部门派员参加事故调查。

负责组织事故调查的质量技术监督部门应当将事故调查组的组成情况及时报告本级人民政府。

第二十一条　根据事故发生情况，上级质量技术监督部门可以派员指导下级质量技术监督部门开展事故调查处理工作。

自事故发生之日起30日内，因伤亡人数变化导致事故等级发生变化的，依照规定应当由上级质量技术监督部门组织调查的，上级质量技术监督部门可以会同本级有关部门组织事故调查组进行调查，也可以派员指导下级部门继续进行事故调查。

第二十二条　事故调查组成员应当具有特种设备事故调查所需要的知识和专长，与事故发生单位及相关人员不存在任何利害关系。事故调查组组长由负责事故调查的质量技术监督部门负责人担任。

必要时，事故调查组可以聘请有关专家参与事故调查；所聘请的专家应当具备5年以上特种设备安全监督管理、生产、检验检测或者科研教学工作经验。设区的市级以上质量技术监督部门可以根据事故调查的需要，组建特种设备事故调查专家库。

根据事故的具体情况，事故调查组可以内设管理组、技术组、综合组，分别承担管理原因调查、技术原因调查、综合协调等工作。

第二十三条　事故调查组应当履行下列职责：

（一）查清事故发生前的特种设备状况；

（二）查明事故经过、人员伤亡、特种设备损坏、经济损失情况以及其他后果；

（三）分析事故原因；

（四）认定事故性质和事故责任；

（五）提出对事故责任者的处理建议；

（六）提出防范事故发生和整改措施的建议；

（七）提交事故调查报告。

第二十四条 事故调查组成员在事故调查工作中应当诚信公正、恪尽职守，遵守事故调查组的纪律，遵守相关秘密规定。

在事故调查期间，未经负责组织事故调查的质量技术监督部门和本级人民政府批准，参与事故调查、技术鉴定、损失评估等有关人员不得擅自泄露有关事故信息。

第二十五条 对无重大社会影响、无人员伤亡、事故原因明晰的特种设备事故，事故调查工作可以按照有关规定适用简易程序；在负责事故调查的质量技术监督部门商同级有关部门，并报同级政府批准后，由质量技术监督部门单独进行调查。

第二十六条 事故调查组可以委托具有国家规定资质的技术机构或者直接组织专家进行技术鉴定。接受委托的技术机构或者专家应当出具技术鉴定报告，并对其结论负责。

第二十七条 事故调查组认为需要对特种设备事故进行直接经济损失评估的，可以委托具有国家规定资质的评估机构进行。

直接经济损失包括人身伤亡所支出的费用、财产损失价值、应急救援费用、善后处理费用。

接受委托的单位应当按照相关规定和标准进行评估，出具评估报告，对其结论负责。

第二十八条 事故调查组有权向有关单位和个人了解与事故有关的情况，并要求其提供相关文件、资料。有关单位和个人不得拒绝，并应当如实提供特种设备及事故相关的情况或者资料，回答事故调查组的询问，对所提供情况的真实性负责。

事故发生单位的负责人和有关人员在事故调查期间不得擅离职守，应当随时接受事故调查组的询问，如实提供有关情况或者资料。

第二十九条 事故调查组应当查明引发事故的直接原因和间接原因,并根据对事故发生的影响程度认定事故发生的主要原因和次要原因。

第三十条 事故调查组根据事故的主要原因和次要原因,判定事故性质,认定事故责任。

事故调查组根据当事人行为与特种设备事故之间的因果关系以及在特种设备事故中的影响程度,认定当事人所负的责任。当事人所负的责任分为全部责任、主要责任和次要责任。

当事人伪造或者故意破坏事故现场、毁灭证据、未及时报告事故等,致使事故责任无法认定的,应当承担全部责任。

第三十一条 事故调查组应当向组织事故调查的质量技术监督部门提交事故调查报告。事故调查报告应当包括下列内容:

(一)事故发生单位情况;

(二)事故发生经过和事故救援情况;

(三)事故造成的人员伤亡、设备损坏程度和直接经济损失;

(四)事故发生的原因和事故性质;

(五)事故责任的认定以及对事故责任者的处理建议;

(六)事故防范和整改措施;

(七)有关证据材料。

事故调查报告应当经事故调查组全体成员签字。事故调查组成员有不同意见的,可以提交个人签名的书面材料,附在事故调查报告内。

第三十二条 特种设备事故调查应当自事故发生之日起60日内结束。特殊情况下,经负责组织调查的质量技术监督部门批准,事故调查期限可以适当延长,但延长的期限最长不超过60日。

技术鉴定时间不计入调查期限。

因事故抢险救灾无法进行事故现场勘察的,事故调查期限从具备现场勘察条件之日起计算。

第三十三条 事故调查中发现涉嫌犯罪的,负责组织事故调查的质量技术监督部门商有关部门和事故发生地人民政府后,应当按照有关规定及时将有关材料移送司法机关处理。

第五章 事故处理

第三十四条 依照《特种设备安全监察条例》的规定,省级质量技术监督部门组织的事故调查,其事故调查报告报省级人民政府批复,并报国家质检总局备案;市级质量技术监督部门组织的事故调查,其事故调查报告报市级人民政府批复,并报省级质量技术监督部门备案。

国家质检总局组织的事故调查,事故调查报告的批复按照国务院有关规定执行。

第三十五条 组织事故调查的质量技术监督部门应当在接到批复之日起 10 日内,将事故调查报告及批复意见主送有关地方人民政府及其有关部门,送达事故发生单位、责任单位和责任人员,并抄送参加事故调查的有关部门和单位。

第三十六条 质量技术监督部门及有关部门应当按照批复,依照法律、行政法规规定的权限和程序,对事故责任单位和责任人员实施行政处罚,对负有事故责任的国家工作人员进行处分。

第三十七条 事故发生单位应当落实事故防范和整改措施。防范和整改措施的落实情况应当接受工会和职工的监督。

事故发生地质量技术监督部门应当对事故责任单位落实防范和整改措施的情况进行监督检查。

第三十八条 特别重大事故的调查处理情况由国务院或者国务院授权组织事故调查的部门向社会公布,特别重大事故以下等级的事故的调查处理情况由组织事故调查的质量技术监督部门向社会公布;依法应当保密的除外。

第三十九条 事故调查的有关资料应当由组织事故调查的质量技术监督部门立档永久保存。

立档保存的材料包括现场勘察笔录、技术鉴定报告、重大技术问题鉴定结论和检测检验报告、尸检报告、调查笔录、物证和证人证言、直接经济损失文件、相关图纸、视听资料、事故调查报告、事故批复文件等。

第四十条 组织事故调查的质量技术监督部门应当在接到事故调查报告批复之日起 30 日内撰写事故结案报告，并逐级上报直至国家质检总局。

上报事故结案报告，应当同时附事故档案副本或者复印件。

第四十一条 负责组织事故调查的质量技术监督部门应当根据事故原因对相关安全技术规范、标准进行评估；需要制定或者修订相关安全技术规范、标准的，应当及时报告上级部门提请制定或者修订。

第四十二条 各级质量技术监督部门应当定期对本行政区域特种设备事故的情况、特点、原因进行统计分析，根据特种设备的管理和技术特点、事故情况，研究制定有针对性的工作措施，防止和减少事故的发生。

第四十三条 省级质量技术监督部门应在每月 25 日前和每年 12 月 25 日前，将所辖区域本月、本年特种设备事故情况、结案批复情况及相关信息，以书面方式上报至国家质检总局。

第六章 法律责任

第四十四条 发生特种设备特别重大事故，依照《生产安全事故报告和调查处理条例》的有关规定实施行政处罚和处分；构成犯罪的，依法追究刑事责任。

第四十五条 发生特种设备重大事故及其以下等级事故的，依照《特种设备安全监察条例》的有关规定实施行政处罚和处分；构成犯罪的，依法追究刑事责任。

第四十六条 发生特种设备事故，有下列行为之一，构成犯罪的，依法追究刑事责任；构成有关法律法规规定的违法行为的，依法予以行政处罚；未构成有关法律法规规定的违法行为的，由质量

技术监督部门等处以 4000 元以上 2 万元以下的罚款:

(一) 伪造或者故意破坏事故现场的;

(二) 拒绝接受调查或者拒绝提供有关情况或者资料的;

(三) 阻挠、干涉特种设备事故报告和调查处理工作的。

第七章 附 则

第四十七条 本规定所涉及的事故报告、调查协调、统计分析等具体工作,负责组织事故调查的质量技术监督部门可以委托相关特种设备事故调查处理机构承担。

第四十八条 本规定由国家质检总局负责解释。

第四十九条 本规定自公布之日起施行,2001 年 9 月 17 日国家质检总局发布的《锅炉压力容器压力管道特种设备事故处理规定》同时废止。

煤矿企业安全生产许可证实施办法

国家安全生产监督管理总局令
第 86 号

修订后的《煤矿企业安全生产许可证实施办法》已经 2015 年 12 月 22 日国家安全生产监督管理总局局长办公会议审议通过,现予公布,自 2016 年 4 月 1 日起施行。原国家安全生产监督管理局(国家煤矿安全监察局)2004 年 5 月 17 日公布、国家安全生产监督管理总局 2015 年 6 月 8 日修改的《煤矿企业安全生产许可证实施办法》同时废止。

国家安全生产监督管理总局局长
2016 年 2 月 16 日

(2016 年 2 月 16 日国家安全生产监督管理总局令第 86 号公布;根据 2017 年 3 月 6 日国家安全生产监督管理总局令第 89 号修正)

第一章 总 则

第一条 为了规范煤矿企业安全生产条件,加强煤矿企业安全生产许可证的颁发管理工作，根据《安全生产许可证条例》和有关法律、行政法规，制定本实施办法。

第二条　煤矿企业必须依照本实施办法的规定取得安全生产许可证。未取得安全生产许可证的，不得从事生产活动。

煤层气地面开采企业安全生产许可证的管理办法，另行制定。

第三条　煤矿企业除本企业申请办理安全生产许可证外，其所属矿（井、露天坑）也应当申请办理安全生产许可证，一矿（井、露天坑）一证。

煤矿企业实行多级管理的，其上级煤矿企业也应当申请办理安全生产许可证。

第四条　安全生产许可证的颁发管理工作实行企业申请、两级发证、属地监管的原则。

第五条　国家煤矿安全监察局指导、监督全国煤矿企业安全生产许可证的颁发管理工作，负责符合本办法第三条规定的中央管理的煤矿企业总部（总公司、集团公司）安全生产许可证的颁发和管理。

省级煤矿安全监察局负责前款规定以外的其他煤矿企业安全生产许可证的颁发和管理；未设立煤矿安全监察机构的省、自治区，由省、自治区人民政府指定的部门（以下与省级煤矿安全监察局统称省级安全生产许可证颁发管理机关）负责本行政区域内煤矿企业安全生产许可证的颁发和管理。

国家煤矿安全监察局和省级安全生产许可证颁发管理机关统称安全生产许可证颁发管理机关。

第二章　安全生产条件

第六条　煤矿企业取得安全生产许可证，应当具备下列安全生产条件：

（一）建立、健全主要负责人、分管负责人、安全生产管理人员、职能部门、岗位安全生产责任制；制定安全目标管理、安全奖惩、安全技术审批、事故隐患排查治理、安全检查、安全办公会议、地质灾害普查、井下劳动组织定员、矿领导带班下井、井工煤矿入井检身与出入井人员清点等安全生产规章制度和各工种操作规程；

（二）安全投入满足安全生产要求，并按照有关规定足额提取和使用安全生产费用；

（三）设置安全生产管理机构，配备专职安全生产管理人员；煤与瓦斯突出矿井、水文地质类型复杂矿井还应设置专门的防治煤与瓦斯突出管理机构和防治水管理机构；

（四）主要负责人和安全生产管理人员的安全生产知识和管理能力经考核合格；

（五）参加工伤保险，为从业人员缴纳工伤保险费；

（六）制定重大危险源检测、评估和监控措施；

（七）制定应急救援预案，并按照规定设立矿山救护队，配备救护装备；不具备单独设立矿山救护队条件的煤矿企业，所属煤矿应当设立兼职救护队，并与邻近的救护队签订救护协议；

（八）制定特种作业人员培训计划、从业人员培训计划、职业危害防治计划；

（九）法律、行政法规规定的其他条件。

第七条 煤矿除符合本实施办法第六条规定的条件外，还必须符合下列条件：

（一）特种作业人员经有关业务主管部门考核合格，取得特种作业操作资格证书；

（二）从业人员进行安全生产教育培训，并经考试合格；

（三）制定职业危害防治措施、综合防尘措施，建立粉尘检测制度，为从业人员配备符合国家标准或者行业标准的劳动防护用品；

（四）依法进行安全评价；

（五）制定矿井灾害预防和处理计划；

（六）依法取得采矿许可证，并在有效期内。

第八条 井工煤矿除符合本实施办法第六条、第七条规定的条件外,其安全设施、设备、工艺还必须符合下列条件:

(一)矿井至少有 2 个能行人的通达地面的安全出口,各个出口之间的距离不得小于 30 米;井下每一个水平到上一个水平和各个采(盘)区至少有两个便于行人的安全出口,并与通达地面的安全出口相连接;采煤工作面有两个畅通的安全出口,一个通到进风巷道,另一个通到回风巷道。在用巷道净断面满足行人、运输、通风和安全设施及设备安装、检修、施工的需要;

(二)按规定进行瓦斯等级、煤层自燃倾向性和煤尘爆炸危险性鉴定;

(三)矿井有完善的独立通风系统。矿井、采区和采掘工作面的供风能力满足安全生产要求,矿井使用安装在地面的矿用主要通风机进行通风,并有同等能力的备用主要通风机,主要通风机按规定进行性能检测;生产水平和采区实行分区通风;高瓦斯和煤与瓦斯突出矿井、开采容易自燃煤层的矿井、煤层群联合布置矿井的每个采区设置专用回风巷,掘进工作面使用专用局部通风机进行通风,矿井有反风设施;

(四)矿井有安全监控系统,传感器的设置、报警和断电符合规定,有瓦斯检查制度和矿长、技术负责人瓦斯日报审查签字制度,配备足够的专职瓦斯检查员和瓦斯检测仪器;按规定建立瓦斯抽采系统,开采煤与瓦斯突出危险煤层的有预测预报、防治措施、效果检验和安全防护的综合防突措施;

(五)有防尘供水系统,有地面和井下排水系统;有水害威胁的矿井还应有专用探放水设备;

(六)制定井上、井下防火措施;有地面消防水池和井下消防管路系统,井上、井下有消防材料库;开采容易自燃和自燃煤层的矿井还应有防灭火专项设计和综合预防煤层自然发火的措施;

(七)矿井有两回路电源线路;严禁井下配电变压器中性点直接接地;井下电气设备的选型符合防爆要求,有短路、过负荷、接地、漏电等保护,掘进工作面的局部通风机按规定采用专用变压

器、专用电缆、专用开关,实现风电、瓦斯电闭锁;

(八) 运送人员的装置应当符合有关规定。使用检测合格的钢丝绳;带式输送机采用非金属聚合物制造的输送带的阻燃性能和抗静电性能符合规定,设置安全保护装置;

(九) 有通信联络系统,按规定建立人员位置监测系统;

(十) 按矿井瓦斯等级选用相应的煤矿许用炸药和电雷管,爆破工作由专职爆破工担任;

(十一) 不得使用国家有关危及生产安全淘汰目录规定的设备及生产工艺;使用的矿用产品应有安全标志;

(十二) 配备足够数量的自救器,自救器的选用型号应与矿井灾害类型相适应,按规定建立安全避险系统;

(十三) 有反映实际情况的图纸:矿井地质图和水文地质图,井上下对照图,巷道布置图,采掘工程平面图,通风系统图,井下运输系统图,安全监控系统布置图和断电控制图,人员位置监测系统图,压风、排水、防尘、防火注浆、抽采瓦斯等管路系统图,井下通信系统图,井上、下配电系统图和井下电气设备布置图,井下避灾路线图。采掘工作面有符合实际情况的作业规程。

第九条 露天煤矿除符合本实施办法第六条、第七条规定的条件外,其安全设施、设备、工艺还必须符合下列条件:

(一) 按规定设置栅栏、安全挡墙、警示标志;

(二) 露天采场最终边坡的台阶坡面角和边坡角符合最终边坡设计要求;

(三) 配电线路、电动机、变压器的保护符合安全要求;

(四) 爆炸物品的领用、保管和使用符合规定;

(五) 有边坡工程、地质勘探工程、岩土物理力学试验和稳定性分析,有边坡监测措施;

(六) 有防排水设施和措施;

(七) 地面和采场内的防灭火措施符合规定;开采有自然发火倾向的煤层或者开采范围内存在火区时,制定专门防灭火措施;

（八）有反映实际情况的图纸：地形地质图，工程地质平面图、断面图、综合水文地质图，采剥、排土工程平面图和运输系统图，供配电系统图，通信系统图，防排水系统图，边坡监测系统平面图，井工采空区与露天矿平面对照图。

第三章　安全生产许可证的申请和颁发

第十条　煤矿企业依据本实施办法第五条的规定向安全生产许可证颁发管理机关申请领取安全生产许可证。

第十一条　申请领取安全生产许可证应当提供下列文件、资料：

（一）煤矿企业提供的文件、资料：

1. 安全生产许可证申请书；

2. 主要负责人安全生产责任制（复制件），各分管负责人、安全生产管理人员以及职能部门负责人安全生产责任制目录清单；

3. 安全生产规章制度目录清单；

4. 设置安全生产管理机构、配备专职安全生产管理人员的文件（复制件）；

5. 主要负责人、安全生产管理人员安全生产知识和管理能力考核合格的证明材料；

6. 特种作业人员培训计划，从业人员安全生产教育培训计划；

7. 为从业人员缴纳工伤保险费的有关证明材料；

8. 重大危险源检测、评估和监控措施；

9. 事故应急救援预案，设立矿山救护队的文件或者与专业救护队签订的救护协议。

（二）煤矿提供的文件、资料和图纸：

1. 安全生产许可证申请书；

2. 采矿许可证（复制件）；

3. 主要负责人安全生产责任制（复制件），各分管负责人、安全生产管理人员以及职能部门负责人安全生产责任制目录清单；

4. 安全生产规章制度和操作规程目录清单；

5. 设置安全生产管理机构和配备专职安全生产管理人员的文件（复制件）；

6. 矿长、安全生产管理人员安全生产知识和管理能力考核合格的证明材料；

7. 特种作业人员操作资格证书的证明材料；

8. 从业人员安全生产教育培训计划和考试合格的证明材料；

9. 为从业人员缴纳工伤保险费的有关证明材料；

10. 具备资质的中介机构出具的安全评价报告；

11. 矿井瓦斯等级鉴定文件；高瓦斯、煤与瓦斯突出矿井瓦斯参数测定报告，煤层自燃倾向性和煤尘爆炸危险性鉴定报告；

12. 矿井灾害预防和处理计划；

13. 井工煤矿采掘工程平面图，通风系统图；

14. 露天煤矿采剥工程平面图，边坡监测系统平面图；

15. 事故应急救援预案，设立矿山救护队的文件或者与专业矿山救护队签订的救护协议；

16. 井工煤矿主要通风机、主提升机、空压机、主排水泵的检测检验合格报告。

第十二条 安全生产许可证颁发管理机关对申请人提交的申请书及文件、资料，应当按照下列规定处理：

（一）申请事项不属于本机关职权范围的，即时作出不予受理的决定，并告知申请人向有关行政机关申请；

（二）申请材料存在可以当场更正的错误的，允许或者要求申请人当场更正，并即时出具受理的书面凭证，通过互联网申请的，符合要求后即时提供电子受理回执；

（三）申请材料不齐全或者不符合要求的，应当当场或者在5个工作日内一次告知申请人需要补正的全部内容，逾期不告知的，自收到申请材料之日起即为受理；

（四）申请材料齐全、符合要求或者按照要求全部补正的，自收到申请材料或者全部补正材料之日起为受理。

第十三条 煤矿企业应当对其向安全生产许可证颁发管理机关提交的文件、资料和图纸的真实性负责。

从事安全评价、检测检验的机构应当对其出具的安全评价报告、检测检验结果负责。

第十四条 对已经受理的申请,安全生产许可证颁发管理机关应当指派有关人员对申请材料进行审查;对申请材料实质内容存在疑问,认为需要到现场核查的,应到现场进行核查。

第十五条 负责审查的有关人员提出审查意见。

安全生产许可证颁发管理机关应当对有关人员提出的审查意见进行讨论,并在受理申请之日起45个工作日内作出颁发或者不予颁发安全生产许可证的决定。

对决定颁发的,安全生产许可证颁发管理机关应当自决定之日起10个工作日内送达或者通知申请人领取安全生产许可证;对不予颁发的,应当在10个工作日内书面通知申请人并说明理由。

第十六条 经审查符合本实施办法规定的,安全生产许可证颁发管理机关应当分别向煤矿企业及其所属煤矿颁发安全生产许可证。

第十七条 安全生产许可证的有效期为3年。安全生产许可证有效期满需要延期的,煤矿企业应当于期满前3个月按照本实施办法第十条的规定,向原安全生产许可证颁发管理机关提出延期申请,并提交本实施办法第十一条规定的文件、资料和安全生产许可证正本、副本。

第十八条 对已经受理的延期申请,安全生产许可证颁发管理机关应当按照本实施办法的规定办理安全生产许可证延期手续。

第十九条 煤矿企业在安全生产许可证有效期内符合下列条件,在安全生产许可证有效期届满时,经原安全生产许可证颁发管理机关同意,不再审查,直接办理延期手续:

(一)严格遵守有关安全生产的法律法规和本实施办法;

(二)接受安全生产许可证颁发管理机关及煤矿安全监察机构的监督检查;

（三）未因存在严重违法行为纳入安全生产不良记录"黑名单"管理；

（四）未发生生产安全死亡事故；

（五）煤矿安全质量标准化等级达到二级及以上。

第二十条 煤矿企业在安全生产许可证有效期内有下列情形之一的，应当向原安全生产许可证颁发管理机关申请变更安全生产许可证：

（一）变更主要负责人的；

（二）变更隶属关系的；

（三）变更经济类型的；

（四）变更煤矿企业名称的；

（五）煤矿改建、扩建工程经验收合格的。

变更本条第一款第一、二、三、四项的，自工商营业执照变更之日起10个工作日内提出申请；变更本条第一款第五项的，应当在改建、扩建工程验收合格后10个工作日内提出申请。

申请变更本条第一款第一项的，应提供变更后的工商营业执照副本和主要负责人任命文件（或者聘书）；申请变更本条第一款第二、三、四项的，应提供变更后的工商营业执照副本；申请变更本条第一款第五项的，应提供改建、扩建工程安全设施及条件竣工验收合格的证明材料。

第二十一条 对于本实施办法第二十条第一款第一、二、三、四项的变更申请，安全生产许可证颁发管理机关在对申请人提交的相关文件、资料审核后，即可办理安全生产许可证变更。

对于本实施办法第二十条第一款第五项的变更申请，安全生产许可证颁发管理机关应当按照本实施办法第十四条、第十五条的规定办理安全生产许可证变更。

第二十二条 经安全生产许可证颁发管理机关审查同意延期、变更安全生产许可证的，安全生产许可证颁发管理机关应当收回原安全生产许可证正本，换发新的安全生产许可证正本；在安全生产许可证副本上注明延期、变更内容，并加盖公章。

第二十三条 煤矿企业停办、关闭的,应当自停办、关闭决定之日起10个工作日内向原安全生产许可证颁发管理机关申请注销安全生产许可证,并提供煤矿开采现状报告、实测图纸和遗留事故隐患的报告及防治措施。

第二十四条 安全生产许可证分为正本和副本,具有同等法律效力,正本为悬挂式,副本为折页式。

安全生产许可证颁发管理机关应当在安全生产许可证正本、副本上载明煤矿企业名称、主要负责人、注册地址、隶属关系、经济类型、有效期、发证机关、发证日期等内容。

安全生产许可证正本、副本的式样由国家煤矿安全监察局制定。

安全生产许可证相关的行政许可文书由国家煤矿安全监察局规定统一的格式。

第四章 安全生产许可证的监督管理

第二十五条 煤矿企业取得安全生产许可证后,应当加强日常安全生产管理,不得降低安全生产条件。

第二十六条 煤矿企业不得转让、冒用、买卖、出租、出借或者使用伪造的安全生产许可证。

第二十七条 安全生产许可证颁发管理机关应当坚持公开、公平、公正的原则,严格依照本实施办法的规定审查、颁发安全生产许可证。

安全生产许可证颁发管理机关工作人员在安全生产许可证颁发、管理和监督检查工作中,不得索取或者接受煤矿企业的财物,不得谋取其他利益。

第二十八条 安全生产许可证颁发管理机关发现有下列情形之一的,应当撤销已经颁发的安全生产许可证:

(一)超越职权颁发安全生产许可证的;

(二)违反本实施办法规定的程序颁发安全生产许可证的;

（三）不具备本实施办法规定的安全生产条件颁发安全生产许可证的；

（四）以欺骗、贿赂等不正当手段取得安全生产许可证的。

第二十九条 取得安全生产许可证的煤矿企业有下列情形之一的，安全生产许可证颁发管理机关应当注销其安全生产许可证：

（一）终止煤炭生产活动的；

（二）安全生产许可证被依法撤销的；

（三）安全生产许可证被依法吊销的；

（四）安全生产许可证有效期满未申请办理延期手续的。

第三十条 煤矿企业隐瞒有关情况或者提供虚假材料申请安全生产许可证的，安全生产许可证颁发管理机关不予受理，且在一年内不得再次申请安全生产许可证。

第三十一条 安全生产许可证颁发管理机关应当每年向社会公布一次煤矿企业取得安全生产许可证的情况。

第三十二条 安全生产许可证颁发管理机关应当将煤矿企业安全生产许可证颁发管理情况通报煤矿企业所在地市级以上人民政府及其指定的负责煤矿安全监管工作的部门。

第三十三条 安全生产许可证颁发管理机关应当建立、健全安全生产许可证档案管理制度。

第三十四条 省级安全生产许可证颁发管理机关应当于每年1月15日前将所负责行政区域内上年度煤矿企业安全生产许可证颁发和管理情况报国家煤矿安全监察局，同时通报本级安全生产监督管理部门。

第三十五条 任何单位或者个人对违反《安全生产许可证条例》和本实施办法规定的行为，有权向安全生产许可证颁发管理机关或者监察机关等有关部门举报。

第五章 罚 则

第三十六条 安全生产许可证颁发管理机关工作人员有下列行

为之一的,给予降级或者撤职的处分;构成犯罪的,依法追究刑事责任:

(一)向不符合本实施办法规定的安全生产条件的煤矿企业颁发安全生产许可证的;

(二)发现煤矿企业未依法取得安全生产许可证擅自从事生产活动不依法处理的;

(三)发现取得安全生产许可证的煤矿企业不再具备本实施办法规定的安全生产条件不依法处理的;

(四)接到对违反本实施办法规定行为的举报后,不依法处理的;

(五)在安全生产许可证颁发、管理和监督检查工作中,索取或者接受煤矿企业的财物,或者谋取其他利益的。

第三十七条 承担安全评价、检测、检验工作的机构,出具虚假安全评价、检测、检验报告或者证明的,没收违法所得;违法所得在10万元以上的,并处违法所得2倍以上5倍以下的罚款,没有违法所得或者违法所得不足10万元的,单处或者并处10万元以上20万元以下的罚款,对其直接负责的主管人员和其他直接责任人员处2万元以上5万元以下的罚款;给他人造成损害的,与煤矿企业承担连带赔偿责任;构成犯罪的,依照刑法有关规定追究刑事责任。

对有前款违法行为的机构,依法吊销其相应资质。

第三十八条 安全生产许可证颁发管理机关应当加强对取得安全生产许可证的煤矿企业的监督检查,发现其不再具备本实施办法规定的安全生产条件的,应当责令限期整改,依法暂扣安全生产许可证;经整改仍不具备本实施办法规定的安全生产条件的,依法吊销安全生产许可证。

第三十九条 取得安全生产许可证的煤矿企业,倒卖、出租、出借或者以其他形式非法转让安全生产许可证的,没收违法所得,处10万元以上50万元以下的罚款,吊销其安全生产许可证;构成犯罪的,依法追究刑事责任。

第四十条 发现煤矿企业有下列行为之一的,责令停止生产,没收违法所得,并处 10 万元以上 50 万元以下的罚款;构成犯罪的,依法追究刑事责任:

（一）未取得安全生产许可证,擅自进行生产的;
（二）接受转让的安全生产许可证的;
（三）冒用安全生产许可证的;
（四）使用伪造安全生产许可证的。

第四十一条 在安全生产许可证有效期满未申请办理延期手续,继续进行生产的,责令停止生产,限期补办延期手续,没收违法所得,并处 5 万元以上 10 万元以下的罚款;逾期仍不申请办理延期手续,依照本实施办法第二十九条、第四十条的规定处理。

第四十二条 在安全生产许可证有效期内,主要负责人、隶属关系、经济类型、煤矿企业名称发生变化,未按本实施办法申请办理变更手续的,责令限期补办变更手续,并处 1 万元以上 3 万元以下罚款。

改建、扩建工程已经验收合格,未按本实施办法规定申请办理变更手续擅自投入生产的,责令停止生产,限期补办变更手续,并处 1 万元以上 3 万元以下罚款;逾期仍不办理变更手续,继续进行生产的,依照本实施办法第四十条的规定处罚。

第六章 附 则

第四十三条 本实施办法规定的行政处罚,由安全生产许可证颁发管理机关决定。除吊销安全生产许可证外,安全生产许可证颁发管理机关可以委托有关省级煤矿安全监察局、煤矿安全监察分局实施行政处罚。

第四十四条 本实施办法自 2016 年 4 月 1 日起施行。原国家安全生产监督管理局（国家煤矿安全监察局）2004 年 5 月 17 日公布、国家安全生产监督管理总局 2015 年 6 月 8 日修改的《煤矿企业安全生产许可证实施办法》同时废止。

附 录

关于减少井下作业人数提升煤矿
安全保障能力的指导意见

国家安全监管总局　国家煤矿安监局印发
《关于减少井下作业人数提升煤矿安全保障能力的
指导意见》的通知

安监总煤行〔2016〕64号

各产煤省、自治区、直辖市及新疆生产建设兵团煤矿安全监管部门、煤炭行业管理部门，各省级煤矿安全监察局，司法部直属煤矿管理局，有关中央企业：

为深入贯彻落实全国安全生产工作会议精神，督促和引导煤矿企业进一步改善安全生产条件，严防发生群死群伤的重特大事故，国家安全监管总局、国家煤矿安监局研究制定了《关于减少井下作业人数提升煤矿安全保障能力的指导意见》，现印发给你们。请各省级煤矿安全监管部门会同本级煤炭行业管理部门，根据本《意见》研究制定实施方案，督促本辖区内各煤矿企业结合工作实际，制定减少井下作业人员的具体措施，督促本辖区内各级煤矿安全监管部门、煤炭行业管理部门加强日常监管。

国家安全监管总局
国家煤矿安监局
2016年6月12日

煤矿井下作业人员数量是衡量一个煤矿生产系统复杂程度、现代化水平和事故风险大小的重要标志之一。近年来，我国煤矿生产规模和集约化程度不断提高，装备和管理水平不断提升，井下用人数量总体下降，煤矿安全生产形势明显好转。但一些煤矿安全基础依然薄弱，机械化和自动化程度不高，系统复杂，超能力、超强度开采，采掘工作面数量多，井下作业用人多，不仅效率低，而且安全保障程度不高，一旦发生事故，极易造成群死群伤。为贯彻落实党中央、国务院关于供给侧结构性改革的重大战略举措，支持煤炭行业进一步减少井下作业人员数量，提高生产效率，实现脱困发展，同时降低煤矿事故风险，提高煤矿安全保障能力，现提出以下指导意见。

一、优化生产组织

（一）合理确定产能

鼓励煤矿企业通过核减产能从源头上减少入井人数。坚决避免不顾地质条件和灾害威胁程度，盲目增大煤矿产能，人为造成采掘接续紧张或采取人海战术突击生产。严格按照《国务院关于煤炭行业化解过剩产能实现脱困发展的意见》（国发〔2016〕7号）要求，按照每年作业时间不超过276个工作日重新确定煤矿产能。

（二）合理下达生产计划

煤矿企业应严格按照重新确定的生产能力编制生产计划，合理向所属煤矿下达采掘计划，并督促其均衡生产，不得下达超能力生产计划。煤矿不应以商品煤指标等代替原煤产量变相超能力生产。

（三）简化生产布局

在煤层赋存条件允许、确保安全、经济合理的情况下，适当增加矿井水平垂高，扩大采（盘）区和工作面开采范围，加大工作面的面长和推进长度，采用一次采全高或综采放顶煤工艺，减少工作面搬家次数；正常生产煤矿原则上应在一个水平组织生产，同时生产的水平不超过2个，尽可能减少生产水平的采区数量，减少生产环节。

（四）减少采掘工作面数量

保持接续平衡，大力推行"一矿（井）一面""一矿（井）两面"生产模式，减少采煤工作面个数、控制掘进工作面个数。原则上，同时生产的采煤工作面与回采巷道掘进工作面个数的比例控制在1∶2以内。力争将一个采（盘）区的单班作业人数控制在100人以内。

二、优化运输系统

（五）优化矿井主运输系统

推广选用带式输送机构成主运输系统，实现从工作面到井底车场或地面的连续运输，逐步淘汰矿车轨道运输方式。大力推广使用长运距、大运量带式输送机和可转弯带式输送机。对于运输路线长、环节多的矿井，应通过优化巷道布置，整合优化运输系统，减少主运输转载环节，缩短主运输距离。

（六）推广使用辅助运输机械

推广使用单轨吊车、架空乘人装置、齿轨式卡轨车等有轨辅助运输系统；有条件的煤矿推广使用无轨胶轮车、多功能铲运车等无轨辅助运输成套装备；巷道坡度变化大、辅助运输环节多的煤矿，优先选用无极绳绞车运输替代多级、多段运输。逐步减少斜巷串车提升，逐步淘汰斜巷人车提升。

（七）缩短井下物料运输距离

水平单翼距离较长（超过4000米）时，可以利用邻近采区（水平）进风井运输物料及上下人员，或施工专用投料井（孔）就近运输物料，减少井下运输环节，缩短井下运输距离，减少物料运输作业人员。

三、优化井下劳动组织

（八）优化生产组织管理

坚持正规循环作业，推行岗位标准化作业流程，严格控制加班加点。优化调整设备检修、巷道修复、物料运输、安装回撤等作业时间，避免在同一工作地点安排检修班与生产班平行或交叉作业；避免在同一作业区域安排多个单位、多头指挥混岗作业。错时安排调研、参观等非生产活动，避免个别时段、尤其是上午时段人员集中入井。

（九）强化灾害超前治理

坚持先治灾、后生产。不在重大灾害治理区域安排各类生产活动；鼓励煤矿根据地质条件和灾害情况划定缓采区、禁采区，主动从灾害暂时难以彻底治理区域或开采经济不合理的区域退出，不与灾害"拼刺刀"。优先采用地面钻井预抽瓦斯、地面钻井注浆治水技术，积极推广应用地面注氮系统和地面灌注粉煤灰技术，减少井下灾害治理作业。

（十）减少井下交接班人员

完善井下作业人员交接班制度，除带班人员、班组长、安全检查员和瓦斯检查员等关键岗位人员在井下作业现场交接班外，其他人员应减少在井下作业现场交接班；特殊情形下需要实行井下作业现场交接班时，应尽量错时交接班，避免人员聚集。

（十一）大力培育生产服务专业化队伍

煤矿企业应创造条件，培育或引进综采工作面安装回撤、瓦斯抽采打钻、水害探查、巷道修复、设备维修、物料运输等生产服务专业化队伍，推行专业化施工。通过提高工作效率，减少生产辅助作业人员。

（十二）逐步减少井下作业岗位

加强安全培训，提高职工劳动技能。鼓励煤矿在法律法规和政策范围内，探索实施"一人多岗、一岗多能"，对井下部分作业岗位进行整合。鼓励煤矿企业整合职能相近的管理机构，实施扁平化管理，减少管理环节。

（十三）实施夜班"瘦身"作业

鼓励煤矿减少夜班作业，减少在夜班进行采煤工作面安装回撤、两巷超前支护以及巷道修复等作业，尽量避免在夜班进行瓦斯排放、突出煤层揭煤、火区启封及密闭等高风险作业。有条件的煤矿逐步取消夜班。

四、大力推进机械化、自动化、信息化、智能化

（十四）全面推进采煤机械化

鼓励煤矿推广应用综采工作面可视化、智能化控制技术，工作面无人开采技术；积极推进中小煤矿和开采薄煤层煤矿采用综采成套装备实现机械化开采；推广使用采煤工作面端头支架及两巷超前支护液压支架。减少并逐步淘汰炮采工艺。通过改善采煤工作面安全条件，降低劳动强度，减少作业人员，力争将综采工作面作业范围内（包括工作面及进、回风巷）单班各类作业人数控制在35人以内。

（十五）大力推广掘进机械化

推广使用大功率岩巷掘进机及配套带式输送机或梭车等成套装备；推广使用锚杆（锚索）支护台车、掘锚护一体机；逐步减少炮掘工作面，在现有炮掘工作面大力推进机械化装载和运输。通过提高掘进效率，减少运输环节，减少作业人员，力争将掘进工作面作业范围内（从掘进迎头至工作面回风流与全风压风流混合处）的单班各类作业人数控制在20人以内。

（十六）实施井下机电设备智能监控

推广应用智能监控技术，实现井下排水系统、变电所远程监控和无人值守；鼓励矿井采用井下水直排方式，鼓励多级排水的矿井应用远程集中监控技术实现多级联动排水；推广应用刮板输送机、破碎机、转载机、带式输送机等煤流运输设备远程集中监控技术，实现煤流运输设备联控联动。推广应用远程诊断技术，实现井下设备故障远程诊断。推广应用远距离集中（自动）供液、供电技术，推广使用小型自动排水装置、乳化液泵站自动控制装置，实现无人值守。

（十七）积极推广使用煤矿小型机械装备

鼓励煤矿企业与煤矿装备制造、研究单位合作，开展煤矿小型机械研发；鼓励煤矿企业大力开展"五小"革新（小发明、小改造、小革新、小设计、小建议）。大力推广使用水仓清淤泥机、矿车清挖机、轨道打眼机、喷浆自动上料机、提升钢丝绳在线检测装

置、斜井平车场机械化推车装置等小型机械装备,替代人工作业。

(十八) 推广物料运输信息化管理模式

鼓励煤矿利用无线射频识别(RFID)、二维码等物联网技术,对井下物料运输进行全程跟踪、识别、定位,提高运输效率,减少物料运转环节和"运料员"等运输作业人员。

五、大力推进巷道支护和修复技术创新

(十九) 优化巷道设计

科学论证巷道用途、岩性、埋深、服务年限,合理确定巷道层位和支护方式、支护参数,预留巷道变形空间;深部开采及矿压显现明显的煤矿要合理布置工作面、合理安排接续顺序,避免形成"孤岛"和高应力集中区;有条件的煤矿推广应用沿空留巷技术。减少采动影响,延长巷道使用周期。

(二十) 加强软岩巷道支护技术攻关

积极探索完善软岩巷道支护技术,合理选用锚、网、梁、索、注等复合支护技术,减少巷道变形,降低巷道失修率,减少巷道维护人员。

(二十一) 积极推广使用巷道修复机械

推广使用多功能巷道修复机、卧底机等巷道修复设备,实现巷道扩刷、卧底挖掘、装载输送一体化和机械化作业,替代巷道修复过程中的人工架设、破碎、装载、转运等作业。

六、强化劳动定员管理

(二十二) 合理确定井下劳动定员

煤矿企业应对矿井近期、中期、远期的劳动组织及劳动定员进行合理规划,每隔2—3年修订一次本企业的劳动定员标准,确定不同作业地点的劳动定员;当产能、工艺装备等安全生产条件发生较大变化时,应按照"能减则减"原则,及时修订定员标准。

(二十三) 完善人员位置监测系统功能

在人员位置监测系统(人员定位系统)增设超员报警模块,依据作业地点的劳动定员数量设定相应区域同时作业人数的上限,当区域人数超过上限时自动报警。所有入井人员必须携带识别卡或具备定位功能的相关装置，实现对入井人数及其分布情况实时监控。

（二十四）控制入井人数

鼓励煤矿企业将减少井下作业人数纳入安全生产工作目标和计划，积极创造条件减少井下作业人数。单班入井人数在 1000 人以上的煤矿应采取措施将人数降到 1000 人以内；生产能力在 30 万吨/年以下的小煤矿应将单班入井人数控制在 100 人以内。

地方各级煤炭行业管理部门应加强对辖区内煤矿减少井下作业人数工作的督促指导，引导煤矿企业积极采取多种措施进一步减少井下作业人数。各级煤矿安全监管监察部门要加大对单班入井人数在 1000 人以上煤矿的执法频次和力度，督促煤矿企业不断减少井下作业人数。

煤矿重大生产安全事故隐患判定标准

国家安全生产监督管理总局令
第85号

《煤矿重大生产安全事故隐患判定标准》已经国家安全生产监督管理总局局长办公会议审议通过,现予公布,自公布之日起施行。

国家安全生产监督管理总局局长
2015年12月3日

第一条 为了准确认定、及时消除煤矿重大生产安全事故隐患(以下简称煤矿重大事故隐患),根据《安全生产法》和《国务院关于预防煤矿生产安全事故的特别规定》(国务院令第446号)等法律、法规,制定本判定标准。

第二条 本标准适用于判定各类煤矿重大事故隐患。

第三条 煤矿重大事故隐患包括以下15个方面:

(一)超能力、超强度或者超定员组织生产;

(二)瓦斯超限作业;

(三)煤与瓦斯突出矿井,未依照规定实施防突出措施;

(四)高瓦斯矿井未建立瓦斯抽采系统和监控系统,或者不能正常运行;

(五)通风系统不完善、不可靠;

(六)有严重水患,未采取有效措施;

(七)超层越界开采;

(八)有冲击地压危险,未采取有效措施;

(九)自然发火严重,未采取有效措施;

(十)使用明令禁止使用或者淘汰的设备、工艺;

（十一）煤矿没有双回路供电系统；

（十二）新建煤矿边建设边生产，煤矿改扩建期间，在改扩建的区域生产，或者在其他区域的生产超出安全设计规定的范围和规模；

（十三）煤矿实行整体承包生产经营后，未重新取得或者及时变更安全生产许可证而从事生产，或者承包方再次转包，以及将井下采掘工作面和井巷维修作业进行劳务承包；

（十四）煤矿改制期间，未明确安全生产责任人和安全管理机构，或者在完成改制后，未重新取得或者变更采矿许可证、安全生产许可证和营业执照；

（十五）其他重大事故隐患。

第四条 "超能力、超强度或者超定员组织生产"重大事故隐患，是指有下列情形之一的：

（一）矿井全年原煤产量超过矿井核定（设计）生产能力110%的，或者矿井月产量超过矿井核定（设计）生产能力10%的；

（二）矿井开拓、准备、回采煤量可采期小于有关标准规定的最短时间组织生产、造成接续紧张的，或者采用"剃头下山"开采的；

（三）采掘工作面瓦斯抽采不达标组织生产的；

（四）煤矿未制定或者未严格执行井下劳动定员制度的。

第五条 "瓦斯超限作业"重大事故隐患，是指有下列情形之一的：

（一）瓦斯检查存在漏检、假检的；

（二）井下瓦斯超限后不采取措施继续作业的。

第六条 "煤与瓦斯突出矿井，未依照规定实施防突出措施"重大事故隐患，是指有下列情形之一的：

（一）未建立防治突出机构并配备相应专业人员的；

（二）未装备矿井安全监控系统和地面永久瓦斯抽采系统或者系统不能正常运行的；

（三）未进行区域或者工作面突出危险性预测的；

（四）未按规定采取防治突出措施的；

（五）未进行防治突出措施效果检验或者防突措施效果检验不达标仍然组织生产建设的；

（六）未采取安全防护措施的；

（七）使用架线式电机车的。

第七条 "高瓦斯矿井未建立瓦斯抽采系统和监控系统，或者不能正常运行"重大事故隐患，是指有下列情形之一的：

（一）按照《煤矿安全规程》规定应当建立而未建立瓦斯抽采系统的；

（二）未按规定安设、调校甲烷传感器，人为造成甲烷传感器失效的，瓦斯超限后不能断电或者断电范围不符合规定的；

（三）安全监控系统出现故障没有及时采取措施予以恢复的，或者对系统记录的瓦斯超限数据进行修改、删除、屏蔽的。

第八条 "通风系统不完善、不可靠"重大事故隐患，是指有下列情形之一的：

（一）矿井总风量不足的；

（二）没有备用主要通风机或者两台主要通风机工作能力不匹配的；

（三）违反规定串联通风的；

（四）没有按设计形成通风系统的，或者生产水平和采区未实现分区通风的；

（五）高瓦斯、煤与瓦斯突出矿井的任一采区，开采容易自燃煤层、低瓦斯矿井开采煤层群和分层开采采用联合布置的采区，未设置专用回风巷的，或者突出煤层工作面没有独立的回风系统的；

（六）采掘工作面等主要用风地点风量不足的；

（七）采区进（回）风巷未贯穿整个采区，或者虽贯穿整个采区但一段进风、一段回风的；

（八）煤巷、半煤岩巷和有瓦斯涌出的岩巷的掘进工作面未装备甲烷电、风电闭锁装置或者不能正常使用的；

（九）高瓦斯、煤与瓦斯突出建设矿井局部通风不能实现双风机、双电源且自动切换的；

（十）高瓦斯、煤与瓦斯突出建设矿井进入二期工程前，其他建设矿井进入三期工程前，没有形成地面主要通风机供风的全风压通风系统的。

第九条 "有严重水患，未采取有效措施"重大事故隐患，是指有下列情形之一的：

（一）未查明矿井水文地质条件和井田范围内采空区、废弃老窑积水等情况而组织生产建设的；

（二）水文地质类型复杂、极复杂的矿井没有设立专门的防治水机构和配备专门的探放水作业队伍、配齐专用探放水设备的；

（三）在突水威胁区域进行采掘作业未按规定进行探放水的；

（四）未按规定留设或者擅自开采各种防隔水煤柱的；

（五）有透水征兆未撤出井下作业人员的；

（六）受地表水倒灌威胁的矿井在强降雨天气或其来水上游发生洪水期间未实施停产撤人的；

（七）建设矿井进入三期工程前，没有按设计建成永久排水系统的。

第十条 "超层越界开采"重大事故隐患，是指有下列情形之一的：

（一）超出采矿许可证规定开采煤层层位或者标高而进行开采的；

（二）超出采矿许可证载明的坐标控制范围而开采的；

（三）擅自开采保安煤柱的。

第十一条 "有冲击地压危险，未采取有效措施"重大事故隐患，是指有下列情形之一的：

（一）首次发生过冲击地压动力现象，半年内没有完成冲击地压危险性鉴定的；

（二）有冲击地压危险的矿井未配备专业人员并编制专门设计的；

（三）未进行冲击地压预测预报，或者采取的防治措施没有消除冲击地压危险仍组织生产建设的。

第十二条 "自然发火严重，未采取有效措施"重大事故隐患，是指有下列情形之一的：

（一）开采容易自燃和自燃的煤层时，未编制防止自然发火设计或者未按设计组织生产建设的；

（二）高瓦斯矿井采用放顶煤采煤法不能有效防治煤层自然发火的；

（三）有自然发火征兆没有采取相应的安全防范措施并继续生产建设的。

第十三条 "使用明令禁止使用或者淘汰的设备、工艺"重大事故隐患，是指有下列情形之一的：

（一）使用被列入国家应予淘汰的煤矿机电设备和工艺目录的产品或者工艺的；

（二）井下电气设备未取得煤矿矿用产品安全标志，或者防爆等级与矿井瓦斯等级不符的；

（三）未按矿井瓦斯等级选用相应的煤矿许用炸药和雷管、未使用专用发爆器的，或者裸露放炮的；

（四）采煤工作面不能保证2个畅通的安全出口的；

（五）高瓦斯矿井、煤与瓦斯突出矿井、开采容易自燃和自燃煤层（薄煤层除外）矿井，采煤工作面采用前进式采煤方法的。

第十四条 "煤矿没有双回路供电系统"重大事故隐患，是指有下列情形之一的：

（一）单回路供电的；

（二）有两个回路但取自一个区域变电所同一母线端的；

（三）进入二期工程的高瓦斯、煤与瓦斯突出及水害严重的建设矿井，进入三期工程的其他建设矿井，没有形成双回路供电的。

第十五条 "新建煤矿边建设边生产，煤矿改扩建期间，在改扩建的区域生产，或者在其他区域的生产超出安全设计规定的范围和规模"重大事故隐患，是指有下列情形之一的：

（一）建设项目安全设施设计未经审查批准，或者批准后做出重大变更后未经再次审批擅自组织施工的；

（二）改扩建矿井在改扩建区域生产的；

（三）改扩建矿井在非改扩建区域超出设计规定范围和规模生产的。

第十六条 "煤矿实行整体承包生产经营后，未重新取得或者及时变更安全生产许可证从事生产的，或者承包方再次转包，以及将井下采掘工作面和井巷维修作业进行劳务承包"重大事故隐患，是指有下列情形之一的：

（一）生产经营单位将煤矿承包或者托管给没有合法有效煤矿生产建设证照的单位或者个人的；

（二）煤矿实行承包（托管）但未签订安全生产管理协议，或者未约定双方安全生产管理职责合同而进行生产的；

（三）承包方（承托方）未按规定变更安全生产许可证进行生产的；

（四）承包方（承托方）再次将煤矿承包（托管）给其他单位或者个人的；

（五）煤矿将井下采掘工作面或者井巷维修作业作为独立工程承包（托管）给其他企业或者个人的。

第十七条 "煤矿改制期间，未明确安全生产责任人和安全管理机构，或者在完成改制后，未重新取得或者变更采矿许可证、安全生产许可证和营业执照"重大事故隐患，是指有下列情形之一的：

（一）改制期间，未明确安全生产责任人而进行生产建设的；

（二）改制期间，未健全安全生产管理机构和配备安全管理人员进行生产建设的；

（三）完成改制后，未重新取得或者变更采矿许可证、安全生产许可证、营业执照而进行生产建设的。

第十八条 "其他重大事故隐患"，是指有下列情形之一的：

（一）没有分别配备矿长、总工程师和分管安全、生产、机电的副矿长，以及负责采煤、掘进、机电运输、通风、地质测量工作的专业技术人员的；

（二）未按规定足额提取和使用安全生产费用的；

（三）出现瓦斯动力现象，或者相邻矿井开采的同一煤层发生了突出，或者煤层瓦斯压力达到或者超过 0.74MPa 的非突出矿井，未立即按照突出煤层管理并在规定时限内进行突出危险性鉴定的（直接认定为突出矿井的除外）；

（四）图纸作假、隐瞒采掘工作面的。

第十九条 本标准自印发之日起施行。国家安全监管总局、国家煤矿安监局 2005 年 9 月 26 日印发的《煤矿重大安全生产隐患认定办法（试行）》（安监总煤矿字〔2005〕133 号）同时废止。

非煤矿矿山企业安全生产许可证实施办法

国家安全生产监督管理总局令
第 78 号

《国家安全监管总局关于废止和修改非煤矿矿山领域九部规章的决定》已经 2015 年 3 月 23 日国家安全生产监督管理总局局长办公会议审议通过，现予公布，自 2015 年 7 月 1 日起施行。

国家安全生产监督管理总局局长
2015 年 5 月 26 日

（2009 年 6 月 8 日国家安全监管总局令第 20 号公布；根据 2015 年 5 月 26 日国家安全监管总局令第 78 号修正）

第一章 总 则

第一条 为了严格规范非煤矿矿山企业安全生产条件，做好非煤矿矿山企业安全生产许可证的颁发管理工作，根据《安全生产许可证条例》等法律、行政法规，制定本实施办法。

第二条 非煤矿矿山企业必须依照本实施办法的规定取得安全

生产许可证。

未取得安全生产许可证的,不得从事生产活动。

第三条 非煤矿矿山企业安全生产许可证的颁发管理工作实行企业申请、两级发证、属地监管的原则。

第四条 国家安全生产监督管理总局指导、监督全国非煤矿矿山企业安全生产许可证的颁发管理工作,负责海洋石油天然气企业安全生产许可证的颁发和管理。

省、自治区、直辖市人民政府安全生产监督管理部门(以下简称省级安全生产许可证颁发管理机关)负责本行政区域内除本条第一款规定以外的非煤矿矿山企业安全生产许可证的颁发和管理。

省级安全生产许可证颁发管理机关可以委托设区的市级安全生产监督管理部门实施非煤矿矿山企业安全生产许可证的颁发管理工作;但中央管理企业所属非煤矿矿山的安全生产许可证颁发管理工作不得委托实施。

第五条 本实施办法所称的非煤矿矿山企业包括金属非金属矿山企业及其尾矿库、地质勘探单位、采掘施工企业、石油天然气企业。

金属非金属矿山企业,是指从事金属和非金属矿产资源开采活动的下列单位:

1. 专门从事矿产资源开采的生产单位;
2. 从事矿产资源开采、加工的联合生产企业及其矿山生产单位;
3. 其他非矿山企业中从事矿山生产的单位。

尾矿库,是指筑坝拦截谷口或者围地构成的,用以贮存金属非金属矿石选别后排出尾矿的场所,包括氧化铝厂赤泥库,不包括核工业矿山尾矿库及电厂灰渣库。

地质勘探单位,是指采用钻探工程、坑探工程对金属非金属矿产资源进行勘探作业的单位。

采掘施工企业,是指承担金属非金属矿山采掘工程施工的单位。

石油天然气企业，是指从事石油和天然气勘探、开发生产、储运的单位。

第二章　安全生产条件和申请

第六条　非煤矿矿山企业取得安全生产许可证，应当具备下列安全生产条件：

（一）建立健全主要负责人、分管负责人、安全生产管理人员、职能部门、岗位安全生产责任制；制定安全检查制度、职业危害预防制度、安全教育培训制度、生产安全事故管理制度、重大危险源监控和重大隐患整改制度、设备安全管理制度、安全生产档案管理制度、安全生产奖惩制度等规章制度；制定作业安全规程和各工种操作规程；

（二）安全投入符合安全生产要求，依照国家有关规定足额提取安全生产费用；

（三）设置安全生产管理机构，或者配备专职安全生产管理人员；

（四）主要负责人和安全生产管理人员经安全生产监督管理部门考核合格，取得安全资格证书；

（五）特种作业人员经有关业务主管部门考核合格，取得特种作业操作资格证书；

（六）其他从业人员依照规定接受安全生产教育和培训，并经考试合格；

（七）依法参加工伤保险，为从业人员缴纳保险费；

（八）制定防治职业危害的具体措施，并为从业人员配备符合国家标准或者行业标准的劳动防护用品；

（九）新建、改建、扩建工程项目依法进行安全评价，其安全设施经验收合格；

（十）危险性较大的设备、设施按照国家有关规定进行定期检测检验；

（十一）制定事故应急救援预案，建立事故应急救援组织，配备必要的应急救援器材、设备；生产规模较小可以不建立事故应急救援组织的，应当指定兼职的应急救援人员，并与邻近的矿山救护队或者其他应急救援组织签订救护协议；

（十二）符合有关国家标准、行业标准规定的其他条件。

第七条 海洋石油天然气企业申请领取安全生产许可证，向国家安全生产监督管理总局提出申请。

本条第一款规定以外的其他非煤矿矿山企业申请领取安全生产许可证，向企业所在地省级安全生产许可证颁发管理机关或其委托的设区的市级安全生产监督管理部门提出申请。

第八条 非煤矿矿山企业申请领取安全生产许可证，应当提交下列文件、资料：

（一）安全生产许可证申请书；

（二）工商营业执照复印件；

（三）采矿许可证复印件；

（四）各种安全生产责任制复印件；

（五）安全生产规章制度和操作规程目录清单；

（六）设置安全生产管理机构或者配备专职安全生产管理人员的文件复印件；

（七）主要负责人和安全生产管理人员安全资格证书复印件；

（八）特种作业人员操作资格证书复印件；

（九）足额提取安全生产费用的证明材料；

（十）为从业人员缴纳工伤保险费的证明材料；因特殊情况不能办理工伤保险的，可以出具办理安全生产责任保险的证明材料；

（十一）涉及人身安全、危险性较大的海洋石油开采特种设备和矿山井下特种设备由具备相应资质的检测检验机构出具合格的检测检验报告，并取得安全使用证或者安全标志；

（十二）事故应急救援预案，设立事故应急救援组织的文件或者与矿山救护队、其他应急救援组织签订的救护协议；

（十三）矿山建设项目安全设施验收合格的书面报告。

第九条 非煤矿矿山企业总部申请领取安全生产许可证,不需要提交本实施办法第八条第(三)、(八)、(九)、(十)、(十一)、(十二)、(十三)项规定的文件、资料。

第十条 金属非金属矿山企业从事爆破作业的,除应当依照本实施办法第八条的规定提交相应文件、资料外,还应当提交《爆破作业单位许可证》。

第十一条 尾矿库申请领取安全生产许可证,不需要提交本实施办法第八条第(三)项规定的文件、资料。

第十二条 地质勘探单位申请领取安全生产许可证,不需要提交本实施办法第八条第(三)、(九)、(十三)项规定的文件、资料,但应当提交地质勘查资质证书复印件;从事爆破作业的,还应当提交《爆破作业单位许可证》。

第十三条 采掘施工企业申请领取安全生产许可证,不需要提交本实施办法第八条第(三)、(九)、(十三)项规定的文件、资料,但应当提交矿山工程施工相关资质证书复印件;从事爆破作业的,还应当提交《爆破作业单位许可证》。

第十四条 石油天然气勘探单位申请领取安全生产许可证,不需要提交本实施办法第八条第(三)、(十三)项规定的文件、资料;石油天然气管道储运单位申请领取安全生产许可证不需要提交本实施办法第八条第(三)项规定的文件、资料。

第十五条 非煤矿矿山企业应当对其向安全生产许可证颁发管理机关提交的文件、资料实质内容的真实性负责。

从事安全评价、检测检验的中介机构应当对其出具的安全评价报告、检测检验结果负责。

第三章 受理、审核和颁发

第十六条 安全生产许可证颁发管理机关对非煤矿矿山企业提交的申请书及文件、资料,应当依照下列规定分别处理:

(一)申请事项不属于本机关职权范围的,应当即时作出不予受理的决定，并告知申请人向有关机关申请；

（二）申请材料存在可以当场更正的错误的，应当允许或者要求申请人当场更正，并即时出具受理的书面凭证；

（三）申请材料不齐全或者不符合要求的，应当当场或者在5个工作日内一次性书面告知申请人需要补正的全部内容，逾期不告知的，自收到申请材料之日起即为受理；

（四）申请材料齐全、符合要求或者依照要求全部补正的，自收到申请材料或者全部补正材料之日起为受理。

第十七条　安全生产许可证颁发管理机关应当依照本实施办法规定的法定条件组织，对非煤矿矿山企业提交的申请材料进行审查，并在受理申请之日起45日内作出颁发或者不予颁发安全生产许可证的决定。安全生产许可证颁发管理机关认为有必要到现场对非煤矿矿山企业提交的申请材料进行复核的，应当到现场进行复核。复核时间不计算在本款规定的期限内。

对决定颁发的，安全生产许可证颁发管理机关应当自决定之日起10个工作日内送达或者通知申请人领取安全生产许可证；对决定不予颁发的，应当在10个工作日内书面通知申请人并说明理由。

第十八条　安全生产许可证颁发管理机关应当依照下列规定颁发非煤矿矿山企业安全生产许可证：

（一）对金属非金属矿山企业，向企业及其所属各独立生产系统分别颁发安全生产许可证；对于只有一个独立生产系统的企业，只向企业颁发安全生产许可证；

（二）对中央管理的陆上石油天然气企业，向企业总部直接管理的分公司、子公司以及下一级与油气勘探、开发生产、储运直接相关的生产作业单位分别颁发安全生产许可证；对设有分公司、子公司的地方石油天然气企业，向企业总部及其分公司、子公司颁发安全生产许可证；对其他陆上石油天然气企业，向具有法人资格的企业颁发安全生产许可证；

（三）对海洋石油天然气企业，向企业及其直接管理的分公司、子公司以及下一级与油气开发生产直接相关的生产作业单位、独立生产系统分别颁发安全生产许可证；对其他海洋石油天然气企业，向具有法人资格的企业颁发安全生产许可证；

（四）对地质勘探单位，向最下级具有企事业法人资格的单位颁发安全生产许可证。对采掘施工企业，向企业颁发安全生产许可证；

（五）对尾矿库单独颁发安全生产许可证。

第四章　安全生产许可证延期和变更

第十九条　安全生产许可证的有效期为3年。安全生产许可证有效期满后需要延期的，非煤矿矿山企业应当在安全生产许可证有效期届满前3个月向原安全生产许可证颁发管理机关申请办理延期手续，并提交下列文件、资料：

（一）延期申请书；

（二）安全生产许可证正本和副本；

（三）本实施办法第二章规定的相应文件、资料。

金属非金属矿山独立生产系统和尾矿库，以及石油天然气独立生产系统和作业单位还应当提交由具备相应资质的中介服务机构出具的合格的安全现状评价报告。

金属非金属矿山独立生产系统和尾矿库在提出延期申请之前6个月内经考评合格达到安全标准化等级的，可以不提交安全现状评价报告，但需要提交安全标准化等级的证明材料。

安全生产许可证颁发管理机关应当依照本实施办法第十六条、第十七条的规定，对非煤矿矿山企业提交的材料进行审查，并作出是否准予延期的决定。决定准予延期的，应当收回原安全生产许可证，换发新的安全生产许可证；决定不准予延期的，应当书面告知申请人并说明理由。

第二十条　非煤矿矿山企业符合下列条件的，当安全生产许可证有效期届满申请延期时，经原安全生产许可证颁发管理机关同意，不再审查，直接办理延期手续：

（一）严格遵守有关安全生产的法律法规的；

（二）取得安全生产许可证后，加强日常安全生产管理，未降低安全生产条件，并达到安全标准化等级二级以上的；

（三）接受安全生产许可证颁发管理机关及所在地人民政府安全生产监督管理部门的监督检查的；

（四）未发生死亡事故的。

第二十一条 非煤矿矿山企业在安全生产许可证有效期内有下列情形之一的，应当自工商营业执照变更之日起30个工作日内向原安全生产许可证颁发管理机关申请变更安全生产许可证：

（一）变更单位名称的；

（二）变更主要负责人的；

（三）变更单位地址的；

（四）变更经济类型的；

（五）变更许可范围的。

第二十二条 非煤矿矿山企业申请变更安全生产许可证时，应当提交下列文件、资料：

（一）变更申请书；

（二）安全生产许可证正本和副本；

（三）变更后的工商营业执照、采矿许可证复印件及变更说明材料。

变更本实施办法第二十一条第（二）项的，还应当提交变更后的主要负责人的安全资格证书复印件。

对已经受理的变更申请，安全生产许可证颁发管理机关对申请人提交的文件、资料审查无误后，应当在10个工作日内办理变更手续。

第二十三条 安全生产许可证申请书、审查书、延期申请书和变更申请书由国家安全生产监督管理总局统一格式。

第二十四条 非煤矿矿山企业安全生产许可证分为正本和副本，正本和副本具有同等法律效力，正本为悬挂式，副本为折页式。

非煤矿矿山企业安全生产许可证由国家安全生产监督管理总局统一印制和编号。

第五章　安全生产许可证的监督管理

第二十五条　非煤矿矿山企业取得安全生产许可证后，应当加强日常安全生产管理，不得降低安全生产条件，并接受所在地县级以上安全生产监督管理部门的监督检查。

第二十六条　地质勘探单位、采掘施工单位在登记注册的省、自治区、直辖市以外从事作业的，应当向作业所在地县级以上安全生产监督管理部门书面报告。

第二十七条　非煤矿矿山企业不得转让、冒用、买卖、出租、出借或者使用伪造的安全生产许可证。

第二十八条　非煤矿矿山企业发现在安全生产许可证有效期内采矿许可证到期失效的，应当在采矿许可证到期前15日内向原安全生产许可证颁发管理机关报告，并交回安全生产许可证正本和副本。

采矿许可证被暂扣、撤销、吊销和注销的，非煤矿矿山企业应当在暂扣、撤销、吊销和注销后5日内向原安全生产许可证颁发管理机关报告，并交回安全生产许可证正本和副本。

第二十九条　安全生产许可证颁发管理机关应当坚持公开、公平、公正的原则，严格依照本实施办法的规定审查、颁发安全生产许可证。

安全生产许可证颁发管理机关工作人员在安全生产许可证颁发、管理和监督检查工作中，不得索取或者接受非煤矿矿山企业的财物，不得谋取其他利益。

第三十条　安全生产许可证颁发管理机关发现有下列情形之一的，应当撤销已经颁发的安全生产许可证：

（一）超越职权颁发安全生产许可证的；

（二）违反本实施办法规定的程序颁发安全生产许可证的；

（三）不具备本实施办法规定的安全生产条件颁发安全生产许可证的；

（四）以欺骗、贿赂等不正当手段取得安全生产许可证的。

第三十一条 取得安全生产许可证的非煤矿矿山企业有下列情形之一的，安全生产许可证颁发管理机关应当注销其安全生产许可证：

（一）终止生产活动的；

（二）安全生产许可证被依法撤销的；

（三）安全生产许可证被依法吊销的。

第三十二条 非煤矿矿山企业隐瞒有关情况或者提供虚假材料申请安全生产许可证的，安全生产许可证颁发管理机关不予受理，该企业在1年内不得再次申请安全生产许可证。

非煤矿矿山企业以欺骗、贿赂等不正当手段取得安全生产许可证后被依法予以撤销的，该企业3年内不得再次申请安全生产许可证。

第三十三条 县级以上地方人民政府安全生产监督管理部门负责本行政区域内取得安全生产许可证的非煤矿矿山企业的日常监督检查，并将监督检查中发现的问题及时报告安全生产许可证颁发管理机关。中央管理的非煤矿矿山企业由设区的市级以上地方人民政府安全生产监督管理部门负责日常监督检查。

国家安全生产监督管理总局负责取得安全生产许可证的中央管理的非煤矿矿山企业总部和海洋石油天然气企业的日常监督检查。

第三十四条 安全生产许可证颁发管理机关每6个月向社会公布取得安全生产许可证的非煤矿矿山企业名单。

第三十五条 安全生产许可证颁发管理机关应当将非煤矿矿山企业安全生产许可证颁发管理情况通报非煤矿矿山企业所在地县级以上地方人民政府及其安全生产监督管理部门。

第三十六条 安全生产许可证颁发管理机关应当加强对非煤矿矿山企业安全生产许可证的监督管理，建立、健全非煤矿矿山企业安全生产许可证信息管理制度。

省级安全生产许可证颁发管理机关应当在安全生产许可证颁发之日起1个月内将颁发和管理情况录入到全国统一的非煤矿矿山企业安全生产许可证管理系统。

第三十七条 任何单位或者个人对违反《安全生产许可证条例》和本实施办法规定的行为，有权向安全生产许可证颁发管理机关或者监察机关等有关部门举报。

第六章 罚 则

第三十八条 安全生产许可证颁发管理机关工作人员有下列行为之一的，给予降级或者撤职的行政处分；构成犯罪的，依法追究刑事责任：

（一）向不符合本实施办法规定的安全生产条件的非煤矿矿山企业颁发安全生产许可证的；

（二）发现非煤矿矿山企业未依法取得安全生产许可证擅自从事生产活动，不依法处理的；

（三）发现取得安全生产许可证的非煤矿矿山企业不再具备本实施办法规定的安全生产条件，不依法处理的；

（四）接到对违反本实施办法规定行为的举报后，不及时处理的；

（五）在安全生产许可证颁发、管理和监督检查工作中，索取或者接受非煤矿矿山企业的财物，或者谋取其他利益的。

第三十九条 承担安全评价、认证、检测、检验工作的机构，出具虚假证明的，没收违法所得；违法所得在10万元以上的，并处违法所得2倍以上5倍以下的罚款；没有违法所得或者违法所得不足10万元的，单处或者并处10万元以上20万元以下的罚款；对其直接负责的主管人员和其他直接责任人员处2万元以上5万元以下的罚款；给他人造成损害的，与建设单位承担连带赔偿责任；构成犯罪的，依照刑法有关规定追究刑事责任。

对有前款违法行为的机构，吊销其相应资质。

第四十条 取得安全生产许可证的非煤矿矿山企业不再具备本实施办法第六条规定的安全生产条件之一的，应当暂扣或者吊销其安全生产许可证。

第四十一条 取得安全生产许可证的非煤矿矿山企业有下列行为之一的，吊销其安全生产许可证：

（一）倒卖、出租、出借或者以其他形式非法转让安全生产许可证的；

（二）暂扣安全生产许可证后未按期整改或者整改后仍不具备安全生产条件的。

第四十二条 非煤矿矿山企业有下列行为之一的，责令停止生产，没收违法所得，并处10万元以上50万元以下的罚款：

（一）未取得安全生产许可证，擅自进行生产的；

（二）接受转让的安全生产许可证的；

（三）冒用安全生产许可证的；

（四）使用伪造的安全生产许可证的。

第四十三条 非煤矿矿山企业在安全生产许可证有效期内出现采矿许可证有效期届满和采矿许可证被暂扣、撤销、吊销、注销的情况，未依照本实施办法第二十八条的规定向安全生产许可证颁发管理机关报告并交回安全生产许可证的，处1万元以上3万元以下罚款。

第四十四条 非煤矿矿山企业在安全生产许可证有效期内，出现需要变更安全生产许可证的情形，未按本实施办法第二十一条的规定申请、办理变更手续的，责令限期办理变更手续，并处1万元以上3万元以下罚款。

地质勘探单位、采掘施工单位在登记注册地以外进行跨省作业，未按照本实施办法第二十六条的规定书面报告的，责令限期办理书面报告手续，并处1万元以上3万元以下的罚款。

第四十五条 非煤矿矿山企业在安全生产许可证有效期满未办理延期手续，继续进行生产的，责令停止生产，限期补办延期手续，没收违法所得，并处5万元以上10万元以下的罚款；逾期仍不办理延期手续，继续进行生产的，依照本实施办法第四十二条的规定处罚。

第四十六条 非煤矿矿山企业转让安全生产许可证的，没收违法所得，并处10万元以上50万元以下的罚款。

第四十七条 本实施办法规定的行政处罚，由安全生产许可证颁发管理机关决定。安全生产许可证颁发管理机关可以委托县级以上安全生产监督管理部门实施行政处罚。但撤销、吊销安全生产许可证和撤销有关资格的行政处罚除外。

第七章 附 则

第四十八条 本实施办法所称非煤矿矿山企业独立生产系统，是指具有相对独立的采掘生产系统及通风、运输（提升）、供配电、防排水等辅助系统的作业单位。

第四十九条 危险性较小的地热、温泉、矿泉水、卤水、砖瓦用粘土等资源开采活动的安全生产许可，由省级安全生产许可证颁发管理机关决定。

第五十条 同时开采煤炭与金属非金属矿产资源且以煤炭、煤层气为主采矿种的煤系矿山企业应当申请领取煤矿企业安全生产许可证，不再申请领取非煤矿矿山企业安全生产许可证。

第五十一条 本实施办法自公布之日起施行。2004年5月17日原国家安全生产监督管理局（国家煤矿安全监察局）公布的《非煤矿山企业安全生产许可证实施办法》同时废止。

附 录

非煤矿山外包工程安全管理暂行办法

国家安全生产监督管理总局令
第78号

《国家安全监管总局关于废止和修改非煤矿矿山领域九部规章的决定》已经2015年3月23日国家安全生产监督管理总局局长办公会议审议通过，现予公布，自2015年7月1日起施行。

国家安全生产监督管理总局局长
2015年5月26日

（2013年8月23日国家安全监管总局令第62号公布；根据2015年5月26日国家安全监管总局令第78号修正）

第一章 总 则

第一条 为了加强非煤矿山外包工程的安全管理和监督，明确安全生产责任，防止和减少生产安全事故（以下简称事故），依据《中华人民共和国安全生产法》、《中华人民共和国矿山安全法》和其他有关法律、行政法规，制定本办法。

第二条 在依法批准的矿区范围内，以外包工程的方式从事金属非金属矿山的勘探、建设、生产、闭坑等工程施工作业活动，以及石油天然气的勘探、开发、储运等工程与技术服务活动的安全管理和监督，适用本办法。

从事非煤矿山各类房屋建筑及其附属设施的建造和安装，以及露天采矿场矿区范围以外地面交通建设的外包工程的安全管理和监督，不适用本办法。

第三条　非煤矿山外包工程（以下简称外包工程）的安全生产，由发包单位负主体责任，承包单位对其施工现场的安全生产负责。

外包工程有多个承包单位的，发包单位应当对多个承包单位的安全生产工作实施统一协调、管理，定期进行安全检查，发现安全问题的，应当及时督促整改。

第四条　承担外包工程的勘察单位、设计单位、监理单位、技术服务机构及其他有关单位应当依照法律、法规、规章和国家标准、行业标准的规定，履行各自的安全生产职责，承担相应的安全生产责任。

第五条　非煤矿山企业应当建立外包工程安全生产的激励和约束机制，提升非煤矿山外包工程安全生产管理水平。

第二章　发包单位的安全生产职责

第六条　发包单位应当依法设置安全生产管理机构或者配备专职安全生产管理人员，对外包工程的安全生产实施管理和监督。

发包单位不得擅自压缩外包工程合同约定的工期，不得违章指挥或者强令承包单位及其从业人员冒险作业。

发包单位应当依法取得非煤矿山安全生产许可证。

第七条　发包单位应当审查承包单位的非煤矿山安全生产许可证和相应资质，不得将外包工程发包给不具备安全生产许可证和相应资质的承包单位。

承包单位的项目部承担施工作业的，发包单位除审查承包单位的安全生产许可证和相应资质外，还应当审查项目部的安全生产管理机构、规章制度和操作规程、工程技术人员、主要设备设施、安全教育培训和负责人、安全生产管理人员、特种作业人员持证上岗等情况。

承担施工作业的项目部不符合本办法第二十一条规定的安全生产条件的，发包单位不得向该承包单位发包工程。

第八条 发包单位应当与承包单位签订安全生产管理协议，明确各自的安全生产管理职责。安全生产管理协议应当包括下列内容：

（一）安全投入保障；
（二）安全设施和施工条件；
（三）隐患排查与治理；
（四）安全教育与培训；
（五）事故应急救援；
（六）安全检查与考评；
（七）违约责任。

安全生产管理协议的文本格式由国家安全生产监督管理总局另行制定。

第九条 发包单位是外包工程安全投入的责任主体，应当按照国家有关规定和合同约定及时、足额向承包单位提供保障施工作业安全所需的资金，明确安全投入项目和金额，并监督承包单位落实到位。

对合同约定以外发生的隐患排查治理和地下矿山通风、支护、防治水等所需的费用，发包单位应当提供合同价款以外的资金，保障安全生产需要。

第十条 石油天然气总发包单位、分项发包单位以及金属非金属矿山总发包单位，应当每半年对其承包单位的施工资质、安全生产管理机构、规章制度和操作规程、施工现场安全管理和履行本办法第二十七条规定的信息报告义务等情况进行一次检查；发现承包单位存在安全生产问题的，应当督促其立即整改。

第十一条 金属非金属矿山分项发包单位，应当将承包单位及其项目部纳入本单位的安全管理体系，实行统一管理，重点加强对地下矿山领导带班下井、地下矿山从业人员出入井统计、特种作业人员、民用爆炸物品、隐患排查与治理、职业病防护等管理，并对外包工程的作业现场实施全过程监督检查。

第十二条 金属非金属矿山总发包单位对地下矿山一个生产系统进行分项发包的，承包单位原则上不得超过3家，避免相互影响生产、作业安全。

前款规定的发包单位在地下矿山正常生产期间，不得将主通风、主提升、供排水、供配电、主供风系统及其设备设施的运行管理进行分项发包。

第十三条 发包单位应当向承包单位进行外包工程的技术交底，按照合同约定向承包单位提供与外包工程安全生产相关的勘察、设计、风险评价、检测检验和应急救援等资料，并保证资料的真实性、完整性和有效性。

第十四条 发包单位应当建立健全外包工程安全生产考核机制，对承包单位每年至少进行一次安全生产考核。

第十五条 发包单位应当按照国家有关规定建立应急救援组织，编制本单位事故应急预案，并定期组织演练。

外包工程实行总发包的，发包单位应当督促总承包单位统一组织编制外包工程事故应急预案；实行分项发包的，发包单位应当将承包单位编制的外包工程现场应急处置方案纳入本单位应急预案体系，并定期组织演练。

第十六条 发包单位在接到外包工程事故报告后，应当立即启动相关事故应急预案，或者采取有效措施，组织抢救，防止事故扩大，并依照《生产安全事故报告和调查处理条例》的规定，立即如实地向事故发生地县级以上人民政府安全生产监督管理部门和负有安全生产监督管理职责的有关部门报告。

外包工程发生事故的，其事故数据纳入发包单位的统计范围。

发包单位和承包单位应当根据事故调查报告及其批复承担相应的事故责任。

第三章 承包单位的安全生产职责

第十七条 承包单位应当依照有关法律、法规、规章和国家标准、行业标准的规定，以及承包合同和安全生产管理协议的约定，组织施工作业，确保安全生产。

承包单位有权拒绝发包单位的违章指挥和强令冒险作业。

第十八条 外包工程实行总承包的，总承包单位对施工现场的安全生产负总责；分项承包单位按照分包合同的约定对总承包单位负责。总承包单位和分项承包单位对分包工程的安全生产承担连带责任。

总承包单位依法将外包工程分包给其他单位的，其外包工程的主体部分应当由总承包单位自行完成。

禁止承包单位转包其承揽的外包工程。禁止分项承包单位将其承揽的外包工程再次分包。

第十九条 承包单位应当依法取得非煤矿山安全生产许可证和相应等级的施工资质，并在其资质范围内承包工程。

承包金属非金属矿山建设和闭坑工程的资质等级，应当符合《建筑业企业资质等级标准》的规定。

承包金属非金属矿山生产、作业工程的资质等级，应当符合下列要求：

（一）总承包大型地下矿山工程和深凹露天、高陡边坡及地质条件复杂的大型露天矿山工程的，具备矿山工程施工总承包二级以上（含本级，下同）施工资质；

（二）总承包中型、小型地下矿山工程的，具备矿山工程施工总承包三级以上施工资质；

（三）总承包其他露天矿山工程和分项承包金属非金属矿山工程的，具备矿山工程施工总承包或者相关的专业承包资质，具体规定由省级人民政府安全生产监督管理部门制定。

承包尾矿库外包工程的资质，应当符合《尾矿库安全监督管理规定》。

承包金属非金属矿山地质勘探工程的资质等级，应当符合《金属与非金属矿产资源地质勘探安全生产监督管理暂行规定》。

承包石油天然气勘探、开发工程的资质等级，由国家安全生产监督管理总局或者国务院有关部门按照各自的管理权限确定。

第二十条　承包单位应当加强对所属项目部的安全管理，每半年至少进行一次安全生产检查，对项目部人员每年至少进行一次安全生产教育培训与考核。

禁止承包单位以转让、出租、出借资质证书等方式允许他人以本单位的名义承揽工程。

第二十一条　承包单位及其项目部应当根据承揽工程的规模和特点，依法健全安全生产责任体系，完善安全生产管理基本制度，设置安全生产管理机构，配备专职安全生产管理人员和有关工程技术人员。

承包地下矿山工程的项目部应当配备与工程施工作业相适应的专职工程技术人员，其中至少有1名注册安全工程师或者具有5年以上井下工作经验的安全生产管理人员。项目部具备初中以上文化程度的从业人员比例应当不低于50%。

项目部负责人应当取得安全生产管理人员安全资格证。承包地下矿山工程的项目部负责人不得同时兼任其他工程的项目部负责人。

第二十二条　承包单位应当依照法律、法规、规章的规定以及承包合同和安全生产管理协议的约定，及时将发包单位投入的安全资金落实到位，不得挪作他用。

第二十三条　承包单位应当依照有关规定制定施工方案，加强现场作业安全管理，及时发现并消除事故隐患，落实各项规章制度和安全操作规程。

承包单位发现事故隐患后应当立即治理；不能立即治理的应当采取必要的防范措施，并及时书面报告发包单位协商解决，消除事故隐患。

地下矿山工程承包单位及其项目部的主要负责人和领导班子其

他成员应当严格依照《金属非金属地下矿山企业领导带班下井及监督检查暂行规定》执行带班下井制度。

第二十四条 承包单位应当接受发包单位组织的安全生产培训与指导，加强对本单位从业人员的安全生产教育和培训，保证从业人员掌握必需的安全生产知识和操作技能。

第二十五条 外包工程实行总承包的，总承包单位应当统一组织编制外包工程应急预案。总承包单位和分项承包单位应当按照国家有关规定和应急预案的要求，分别建立应急救援组织或者指定应急救援人员，配备救援设备设施和器材，并定期组织演练。

外包工程实行分项承包的，分项承包单位应当根据建设工程施工的特点、范围以及施工现场容易发生事故的部位和环节，编制现场应急处置方案，并配合发包单位定期进行演练。

第二十六条 外包工程发生事故后，事故现场有关人员应当立即向承包单位及项目部负责人报告。

承包单位及项目部负责人接到事故报告后，应当立即如实地向发包单位报告，并启动相应的应急预案，采取有效措施，组织抢救，防止事故扩大。

第二十七条 承包单位在登记注册地以外的省、自治区、直辖市从事施工作业的，应当向作业所在地的县级人民政府安全生产监督管理部门书面报告外包工程概况和本单位资质等级、主要负责人、安全生产管理人员、特种作业人员、主要安全设施设备等情况，并接受其监督检查。

第四章 监督管理

第二十八条 承包单位发生较大以上责任事故或者一年内发生三起以上一般事故的，事故发生地的省级人民政府安全生产监督管理部门应当向承包单位登记注册地的省级人民政府安全生产监督管理部门通报。

发生重大以上事故的，事故发生地省级人民政府安全生产监督管理部门应当邀请承包单位的安全生产许可证颁发机关参加事故调查处理工作。

第二十九条 安全生产监督管理部门应当加强对外包工程的安全生产监督检查，重点检查下列事项：

（一）发包单位非煤矿山安全生产许可证、安全生产管理协议、安全投入等情况；

（二）承包单位的施工资质、应当依法取得的非煤矿山安全生产许可证、安全投入落实、承包单位及其项目部的安全生产管理机构、技术力量配备、相关人员的安全资格和持证等情况；

（三）违法发包、转包、分项发包等行为。

第三十条 安全生产监督管理部门应当建立外包工程安全生产信息平台，将承包单位取得有关许可、施工资质和承揽工程、发生事故等情况载入承包单位安全生产业绩档案，实施安全生产信誉评定和公告制度。

第三十一条 外包工程发生事故的，事故数据应当纳入事故发生地的统计范围。

第五章 法律责任

第三十二条 发包单位违反本办法第六条的规定，违章指挥或者强令承包单位及其从业人员冒险作业的，责令改正，处2万元以上3万元以下的罚款；造成损失的，依法承担赔偿责任。

第三十三条 发包单位与承包单位、总承包单位与分项承包单位未依照本办法第八条规定签订安全生产管理协议的，责令限期改正，可以处5万元以下的罚款，对其直接负责的主管人员和其他直接责任人员可以处以1万元以下罚款；逾期未改正的，责令停产停业整顿。

第三十四条 有关发包单位有下列行为之一的，责令限期改正，给予警告，并处1万元以上3万元以下的罚款：

（一）违反本办法第十条、第十四条的规定，未对承包单位实施安全生产监督检查或者考核的；

（二）违反本办法第十一条的规定，未将承包单位及其项目部纳入本单位的安全管理体系，实行统一管理的；

（三）违反本办法第十三条的规定，未向承包单位进行外包工程技术交底，或者未按照合同约定向承包单位提供有关资料的。

第三十五条 对地下矿山实行分项发包的发包单位违反本办法第十二条的规定，在地下矿山正常生产期间，将主通风、主提升、供排水、供配电、主供风系统及其设备设施的运行管理进行分项发包的，责令限期改正，处2万元以上3万元以下罚款。

第三十六条 承包地下矿山工程的项目部负责人违反本办法第二十一条的规定，同时兼任其他工程的项目部负责人的，责令限期改正，处5000元以上1万元以下罚款。

第三十七条 承包单位违反本办法第二十二条的规定，将发包单位投入的安全资金挪作他用的，责令限期改正，给予警告，并处1万元以上3万元以下罚款。

承包单位未按照本办法第二十三条的规定排查治理事故隐患的，责令立即消除或者限期消除；承包单位拒不执行的，责令停产停业整顿，并处10万元以上50万元以下的罚款，对其直接负责的主管人员和其他直接责任人员处2万元以上5万元以下的罚款。

第三十八条 承包单位违反本办法第二十条规定对项目部疏于管理，未定期对项目部人员进行安全生产教育培训与考核或者未对项目部进行安全生产检查的，责令限期改正，可以处5万元以下的罚款；逾期未改正的，责令停产停业整顿，并处5万元以上10万元以下的罚款，对其直接负责的主管人员和其他直接责任人员处1万元以上2万元以下的罚款。

承包单位允许他人以本单位的名义承揽工程的，移送有关部门依法处理。

第三十九条 承包单位违反本办法第二十七条的规定，在登记注册的省、自治区、直辖市以外从事施工作业，未向作业所在地县级人民政府安全生产监督管理部门书面报告本单位取得有关许可和施工资质，以及所承包工程情况的，责令限期改正，处1万元以上

3万元以下的罚款。

第四十条 安全生产监督管理部门的行政执法人员在外包工程安全监督管理过程中滥用职权、玩忽职守、徇私舞弊的,依照有关规定给予处分;构成犯罪的,依法追究刑事责任。

第四十一条 本办法规定的行政处罚,由县级人民政府以上安全生产监督管理部门实施。

有关法律、行政法规、规章对非煤矿山外包工程安全生产违法行为的行政处罚另有规定的,依照其规定。

第六章 附 则

第四十二条 本办法下列用语的含义:

(一)非煤矿山,是指金属矿、非金属矿、水气矿和除煤矿以外的能源矿,以及石油天然气管道储运(不含成品油管道)及其附属设施的总称;

(二)金属非金属矿山,是指金属矿、非金属矿、水气矿和除煤矿、石油天然气以外的能源矿,以及选矿厂、尾矿库、排土场等矿山附属设施的总称;

(三)外包工程,是指发包单位与本单位以外的承包单位签订合同,由承包单位承揽与矿产资源开采活动有关的工程、作业活动或者技术服务项目;

(四)发包单位,是指将矿产资源开采活动有关的工程、作业活动或者技术服务项目,发包给外单位施工的非煤矿山企业;

(五)分项发包,是指发包单位将矿产资源开采活动有关的工程、作业活动或者技术服务项目,分为若干部分发包给若干承包单位进行施工的行为;

(六)总承包单位,是指整体承揽矿产资源开采活动或者独立生产系统的所有工程、作业活动或者技术服务项目的承包单位;

(七)承包单位,是指承揽矿产资源开采活动有关的工程、作业活动或者技术服务项目的单位;

(八)项目部,是指承包单位在承揽工程所在地设立的,负责其所承揽工程施工的管理机构；

（九）生产期间，是指新建矿山正式投入生产后或者矿山改建、扩建时仍然进行生产，并规模出产矿产品的时期。

第四十三条 省、自治区、直辖市人民政府安全生产监督管理部门可以根据本办法制定实施细则，并报国家安全生产监督管理总局备案。

第四十四条 本办法自 2013 年 10 月 1 日起施行。

国家安全监管总局关于严防十类
非煤矿山生产安全事故的通知

安监总管一〔2014〕48号

各省、自治区、直辖市及新疆生产建设兵团安全生产监督管理局，有关中央企业：

　　为深入贯彻落实习近平总书记关于"一厂（矿）出事故、万厂（矿）受教育，一地有隐患、全国受警示"的重要指示精神，以及国家安全监管总局党组关于"把历史上的事故当成今天的事故看待，警钟长鸣；把别人的事故当成自己的事故看待，引以为戒；把小事故当成重大事故看待，举一反三；把隐患当成事故看待，防止侥幸心理酿成大祸"的要求，国家安全监管总局对2001年以来的非煤矿山生产安全事故进行了统计分析，其中中毒窒息、火灾、透水、爆炸、坠罐跑车、冒顶坍塌、边坡垮塌、尾矿库溃坝、井喷失控和硫化氢中毒、重大海损等十类事故起数和死亡人数分别占非煤矿山事故总量和死亡总人数的63.4%和61.2%（其中较大事故分别占80.3%和80.0%，重特大事故分别占94.7%和94.6%）。因此，严防十类事故是进一步减少非煤矿山事故总量，有效遏制重特大事故发生，促进非煤矿山安全生产形势根本好转的有效措施和根本途径。现就有关要求通知如下：

　　一、严防中毒窒息事故

　　（一）健全完善通风管理机构。地下矿山企业要建立通风管理机构或配备专职通风技术人员和测风、测尘人员，通风作业人员必须经专门的安全技术培训并考核合格，持证上岗。

　　（二）完善机械通风系统。必须安装主要通风机，并设置风门、风桥等通风构筑物，形成完善的机械通风系统；独头采掘工作面和通风不良的采场必须安装局部通风机，严禁使用非矿用局部通风机，严禁无风、微风、循环风冒险作业。

（三）强化监测监控。所有通风机必须安装开停传感器，主要通风机必须安装风压传感器，回风巷必须设置风速传感器；必须为从事井下作业的每一个班组配备便携式气体检测报警仪，人员进入采掘工作面之前，必须检测有毒有害气体浓度，出现报警严禁进入。

（四）及时封闭废弃井巷。废弃矿井和井下废弃巷道要及时封闭，并设置明显的警示标志。

（五）提升应急能力。必须为每一位入井人员配备自救器，并确保随身携带；要在井下主要通道明确标示避灾路线，并确保安全出口畅通；要制定中毒窒息事故现场处置方案，定期对入井人员进行通风安全管理和防中毒窒息事故专题教育培训，开展防中毒窒息事故应急演练；发生中毒窒息事故后，必须采取有效的通风措施，并立即启动应急预案，严禁擅自或盲目施救。

二、严防火灾事故

（一）减少井下可燃物。新建和改扩建矿井要使用具备阻燃特性的动力线、照明线、输送带、风筒等设备设施，生产矿井要严格落实《国家安全监管总局关于发布金属非金属矿山禁止使用的设备及工艺目录（第一批）的通知》（安监总管一〔2013〕101号）要求。

（二）严格井下动火作业和用电管理。井下切割、焊接等动火作业必须制定安全措施，并经矿长签字批准后实施；严禁在井下吸烟，严禁违规使用电器，严禁使用电炉、灯泡等进行防潮、烘烤、做饭和取暖。

（三）强化井下油品管理。井下各种油品必须单独存放在安全地点，并严密封盖，柴油设备或油压设备一旦出现漏油，要及时处理。

（四）完善井下消防系统。要按照有关规定设置地面和井下消防设施，并要有足够可用的消防用水；要制定火灾事故现场处置方案，并定期进行演练。

三、严防透水事故

（一）查清水害隐患。要调查核实矿区范围内的其他矿山、废弃矿井（露天开采废弃采场）、老采空区、本矿井积水区、含水层、岩溶带、地质构造等详细情况，并填绘矿区水文地质图；要摸清矿井水与地下水、地表水和大气降水的水力关系，预判矿井透水的可能性。

（二）完善排水系统。要按照设计和《金属非金属矿山安全规程》（GB16423-2006）建立排水系统，加强对排水设备的检修、维护，确保排水系统完好可靠。

（三）落实探放水制度。要健全防治水组织机构和工作制度，严格按照"预测预报、有疑必探、先探后掘、先治后采"的水害防治原则，落实"防、堵、疏、排、截"综合治理措施；水害隐患严重的矿山要成立防治水专门机构，配备专用探放水设备，建立专业探放水队伍，排水作业人员必须经专门的安全技术培训并考核合格，持证上岗。

（四）强化应急保障。要不断完善透水事故应急救援预案，水文地质情况复杂的矿井要按照要求建设紧急避险设施，并配备满足抢险救灾必需的大功率水泵等排水设备；要加强对作业人员的安全培训和透水事故应急救援预案的演练，提高作业人员应对透水事故的能力；严禁相邻矿井井下贯通，严禁开采隔水矿柱等各类保安矿柱。

四、严防爆炸事故

（一）确保爆破作业人员具备相应资格。从事爆破作业的人员必须经专门的安全技术培训并考核合格，持证上岗。

（二）加强井下炸药库安全管理。井下炸药库的建设、通风、贮存量、消防设施等必须符合设计要求，必须严格执行爆破器材入库、保管、发放、值班值守和交接班等管理制度，严禁非工作人员进入炸药库；严禁在井下炸药库30米以内的区域进行爆破作业，在距离炸药库30—100米区域内进行爆破时，禁止任何人在炸药库内停留。

（三）严格爆破器材安全管理。爆破材料必须用专车运送，严禁用电机车或铲运机运送爆破材料，严禁炸药、雷管同车运送，严禁在井口或井底停车场停放、分发爆破材料；井下工作面所用炸药、雷管应分别存放在加锁的专用爆破器材箱内，严禁乱扔乱放；爆破器材箱应放在顶板稳定、支护完整、无机械电器设备的地点，起爆时必须将爆破器材箱放置于警戒线以外的安全地点；当班未使用完的爆破材料，必须在当班及时交回炸药库，不得丢弃或自行处理。

（四）规范爆破作业。矿山爆破工程必须编制爆破设计书或爆破说明书，制定爆破作业安全操作规程；必须严格按照作业规程进行打眼装药，严禁边打眼、边装药、边卸药、边装药、边联线、边装药；严禁用爆破方式破碎石块；小型露天矿山和小型露天采石场要聘用专业爆破队伍进行爆破作业；要积极采用非电起爆技术，露天矿山在雷雨天气时，严禁爆破作业。

五、严防坠罐跑车事故

（一）确保操作人员具备相应资格。要建立健全提升运输设备设施安全管理制度，提升机司机、信号工等特种作业人员必须经专门的安全技术培训并考核合格，持证上岗。

（二）确保提升设备符合安全要求。新建、改建或者扩建地下矿山必须使用已取得矿用产品安全标志的提升运输设备，用于提升人员的竖井应优先选用多绳摩擦式提升机；要限期淘汰非定型罐笼、φ1.2米以下（不含φ1.2米）用于升降人员的提升绞车、KJ、JKA、XKT型矿井提升机、JTK型矿用提升绞车，严禁使用带式制动器的提升绞车作为主提升设备。

（三）严格落实防坠罐跑车措施。罐笼、安全门、摇台（托台）、阻车器必须与提升机信号实现连锁，提升信号必须与提升机控制实现闭锁；提升矿车的斜井要设置常闭式防跑车装置；斜井上部和中间车场要设阻车器或挡车栏，斜井下部车场要设躲避硐室，倾角大于10°的斜井要设置轨道防滑装置，斜井人车要装设可靠的断绳保险器，每节车厢的断绳保险器应相互连结，各节车厢之间除连接装置外还应附挂保险链。

（四）强化检测检验和维护保养。提升机、提升绞车、罐笼、防坠器、斜井人车、斜井跑车防护装置、提升钢丝绳等主要提升装置，要由具有安全生产检测检验资质的机构定期进行检测检验；要严格按照《金属非金属矿山安全规程》，加强提升运输系统维护保养，加强日常安全检查，发现隐患要立即停用，及时整改，严防提升设备带病运转；要健全档案管理制度，将检查结果和处理情况记录存档；严禁超员、超载、超速提升人员和物料。

六、严防冒顶坍塌事故

（一）加强顶板管理。要落实顶板分级管理制度，确保井下检查井巷和采场顶帮稳定性、撬浮石、进行支护作业的人员经专门的安全技术培训并考核合格，持证上岗；回采作业前，必须"敲帮问顶"，处理顶板和两帮的浮石，确认安全方准进行作业；处理浮石时，应停止其他妨碍处理浮石的作业，严禁在同一采场同时凿岩和处理浮石；发现冒顶预兆，应停止作业进行处理，发现大面积冒顶危险征兆，应立即通知井下人员撤离现场，并及时上报。

（二）强化地压和采空区管理。工程地质复杂、有严重地压活动，以及开采深度超过800米的地下矿山要建立并严格执行采空区监测预报制度和定期巡查制度；必须建立地压监测系统，实时在线监测，发现大面积地压活动预兆，应立即停止作业，将人员撤至安全地点；地表塌陷区应设明显标志和栅栏，通往塌陷区的井巷应封闭，严禁人员进人塌陷区和采空区。

（三）大力推广充填采矿法。新建地下矿山首先要选用充填采矿法，不能采用的要经过设计单位或专家论证，并出具论证材料。

七、严防边坡垮塌事故

（一）必须采用分台阶分层开采。露天矿山必须遵循自上而下的开采顺序，分台阶开采，小型露天采石场不能采用台阶式开采的，必须自上而下分层顺序开采，并确保台阶（分层）参数符合设计要求；严禁掏采，严禁在工作面形成伞檐、空洞。

（二）强化边坡安全检查。作业前，必须对工作面进行检查，清除危岩和其他危险物体；对采场工作帮要每季度检查一次，高陡边坡要每月检查一次；对运输和行人的非工作帮，应定期进行安全稳定性检查，发现坍塌或滑落征兆，应立即停止采剥作业，撤出人员和设备。

（三）及时消除安全隐患。要查清开采境界内的废弃巷道、采空区和溶洞，设置明显的警示标志，超前进行处理；节理、裂隙等地质构造发育、容易引起边坡垮塌事故的矿山，要采取人工加固措施治理边坡；大、中型矿山或边坡潜在危害性大的矿山，要建立健全边坡管理和检查制度，对边坡重点部位和有潜在滑坡危险的地段采取有效的防治措施，每 5 年由有资质的中介机构进行一次检测和稳定性分析。

（四）加强监测监控。要根据最终边坡的稳定类型、分区特点确定监测级别，并建立边坡监测系统，对坡体表面和内部位移、地下水位动态、爆破震动等进行定点定期观测，对存在不稳定因素的最终边坡要长期监测。

（五）强化排土场安全管理。要严格落实《金属非金属矿山排土场安全生产规则》（AQ 2005—2005），加强排土场（废石场）安全管理，严禁在排土场捡拾矿石。

八、严防尾矿库溃坝事故

（一）健全尾矿库安全管理制度和机构。要健全安全生产责任制，设立专门的尾矿库管理部门和安全生产管理机构，配备专（兼）职技术人员和安全管理人员；尾矿作业人员必须经专门的安全技术培训并考核合格，持证上岗。

（二）严格按设计建设和运行。严禁尾矿坝堆积坡比陡于设计值；采用上游式筑坝的，必须于坝前均匀放矿，保持坝体均匀上升，不得不经论证在库后或一侧岸坡放矿，不得冲刷初期坝和子坝，严禁矿浆沿子坝内坡脚线流动冲刷坝脚，坝顶及沉积滩面应均匀平整，沉积滩长度及滩顶最低高程必须满足防洪设计要求；尾矿坝下游坡面上不得有积水坑，当坝面或坝肩出现集中渗流、流土、管涌、沼泽化、渗水量增大或渗水变浑等异常现象时，要立即停止生产，及时处理；严禁尾矿库高水位运行，严禁危库、险库生产运行，严禁无监测监控设施（系统）或非正常使用运行，严禁无应急机制的尾矿库生产运行。

（三）强化安全监测。要严格按照《尾矿库安全技术规程》（AQ2006—2005）和《尾矿库安全监测技术规范》（AQ2030—2010），对尾矿坝位移、渗流、干滩、库水位、降水量、外坡坡比、坝体滑坡、浸润线、排渗设施、周边山体稳定性、违章建筑、违章施工和违章采选作业等进行监测和检查，要建立完善监测监控设施（系统）。

（四）强化汛期安全生产工作。汛期前要对排洪设施进行检查、维修和疏浚，确保排洪设施畅通，要制定事故应急预案，建立和地方政府及有关部门的应急联动机制，并加强演练；汛期和洪水过后要对坝体和排洪构筑物进行全面认真的检查与清理，发现问题及时修复，同时，采取措施降低库水位。

九、严防井喷失控和硫化氢中毒事故

（一）健全完善井控管理制度。石油天然气企业要健全井控装置安装使用和保养、钻开油气层的申报和审批、防喷演习、坐岗观察、24小时值班、井喷事故逐级汇报、井控例会和井控检查等管理制度；与井控工作相关的管理人员、操作人员、监督人员必须经过井控培训，并取得井控操作证。

（二）严格按设计施工。钻井和井下作业的地质设计、工程设计应当有井控管理的针对性内容，施工过程中，应当按设计要求安装井控装置，并按规定进行安装、试压、使用和管理。

（三）强化井控安全措施。钻开油气层前的检查验收应当执行申报、审批制度，并落实技术交底、防井喷和防硫化氢演习（含硫地区钻井）、压井液和堵漏材料储备、井控装备试压等准备工作；钻井过程中的测井、固井、下套管、中途测试等井筒服务作业，井下作业过程中的射孔、诱喷、冲砂、钻磨、测试、替喷等施工作业必须明确井控要求，施工方案必须符合有关技术标准；要根据实际情况制定具体的井喷失控应急预案，并明确关井程序和处置措施。

（四）落实硫化氢防护措施。在含硫化氢地层实施钻井和井下作业，要使用适合含硫化氢地层的钻井液，所用材料及设备必须满足防硫化氢要求，射孔作业、泵注、酸化压裂等特殊作业要落实硫化氢防护措施；含硫化氢天然气集输管道应当合理设置紧急截断阀；在含硫化氢环境中作业必须制定防硫化氢应急预案，预案中应当明确油气井点火程序和决策人。

十、严防重大海损事故

（一）健全管理制度。海洋石油生产作业单位要严格落实生产设施、作业设施、延长测试设施备案制度；完善守护船、直升机、电气、井控、硫化氢防护等管理制度；确保出海作业人员经过海洋石油作业安全救生培训。

（二）加强生产作业现场安全管理。按照设施不同区域的危险性正确划分不同等级危险区；严格落实动火作业、平台拖航、吊装作业等作业审批制度并落实各项安全措施；确保所有通往救生艇（筏）、直升机平台的应急撤离通道和通往消防设备的通道畅通。

（三）强化设备管理。必须坚持生产设施设计、建造、安装以及生产全过程发证检验制度；确保各种设备有出厂合格证书或检验合格证书，建立设备运转记录、设备缺陷和故障记录、定期维护保养和检验制度；确保配备的消防、救生、逃生设备齐全完好并定期检验。

（四）加强应急管理工作。应急预案应充分考虑作业内容、作业海区的环境条件、作业设施的类型、自救能力和可以获得的外部支援等因素，及时根据实际情况修订完善并报安全监管部门备案；定期组织开展应急演练，不断提高生产作业人员应急处置能力；确保应急物资和应急装备配套到位并维护良好；与气象、海事等部门建立应急联动机制，及时发布预警信息。

非煤矿山企业要认真贯彻落实安全生产各项法律法规和标准，健全完善安全生产各项规章制度，切实落实安全生产主体责任。要组织技术人员或聘请专家全面排查十类事故隐患，把隐患整改责任落实到部门、班组、岗位和所有从业人员，自查自纠工作要做到无死角、严整改、真落实。各级安全监管部门要把严防十类事故作为非煤矿山安全监管工作的重点，认真分析近年来本地区十类事故情况，总结经验、剖析问题，有针对性地制定专项整治方案，明确专项整治目标、时限和计划。具体措施要实、要细、要有可操作性，工作要求要细化、量化、表格化。对存在十类事故重大隐患的企业要责令限期整改、重点跟踪，对整改不认真、敷衍塞责的，要依法予以处罚；对拒不执行整改指令的，要提请地方人民政府依法予以关闭；对于导致事故发生的，要严厉追究责任。

国家安全监管总局

2014 年 5 月 28 日